家和律师说家事

不 为 斗 争 打 官 司
只 为 共 赢 找 方 法

丛书主编 | 黄维领
本书主编 | 姚　平

Marriage &
Family & law

中国法制出版社
CHINA LEGAL PUBLISHING HOUSE

撰稿人：

姚　平　　周春花　　刘　萍

王若琳　　余志界　　翁玉素

序言

市场上的法律书籍很多都是针对法律专业人士编纂和出版的，对于缺少法律知识的普通老百姓来说，他们阅读这些专业书籍很多是晦涩难懂的，很难学以致用并及时地解决他们自身遇到的疑难问题。本书编者正是考虑到这点，不惜耗费巨大人力、物力汇聚精英人士成立团队编写本书，以期该书通俗易懂的内容能快速帮助读者解决问题。

俗话说“家家都有一本难念的经”，几乎每一个家庭都或多或少存在一些问题，有的问题是可调和的，而有些则是不可调和的，这些不可调和的矛盾很容易演变成纠纷。作者所在的元甲律所“家和顾问”团队，致力于家庭矛盾的解决，为每个家庭的存续和发展保驾护航。“家和顾问”团队的宗旨就是：“不为斗争打官司，只为共赢找方法”，千方百计想尽办法为当事人争取最大的权益。

在日常工作中，每天电话咨询“家和顾问”的有上百人，每日上门咨询的人也络绎不绝，其中有些咨询的法律问题都是非常浅显易懂的，但却因为咨询人不懂法，或者查阅书籍后也无法解决自身的问题而不断地去网上查找、向律师事务所咨询或者亲自去律师事务所找律师面对面地咨询。作者看到并切身感受到，太多饱受家庭纠纷困扰的人需要专业的法律人士去帮助和解决他们的疑难问题，故出版本书，以期让更多的普通老百姓能够轻松防范生活中的法律风险，解决生活中遇到的法律问题。

本书分为上下两篇，上篇为：和解篇；下篇为：诉讼篇。下篇分为九章，分别是：婚约财产纠纷、离婚纠纷、离婚后财产纠纷、探望权纠纷、子女抚养权纠纷、赡养纠纷、继承纠纷、分家析产纠纷和涉外离婚纠纷程序性问题。其中“涉外纠纷”主要涉及程序不同，实体审理则与“离婚纠纷”并无不同。本书以案例的方式对婚姻家事纠纷中主要涉及的矛盾纠纷进行分析，让读者更清楚地了解编者所在团队是如何通过“和解”和“诉讼”的方式成功地为当事人解决问题、维护利益的。

因为婚姻家事纠纷具有其特殊性，通过和解解决往往是很多当事人希望的解决方式，故，编者将和解的案例也编撰在本书的章节中，让大家在遇到家庭问题的时候除能够自我救济外，还知道如何寻求专业律师的帮助，避免不必要的诉讼。

在通过诉讼方式解决方面，编者从法理和情理两个方面来准备证据材料和代理意见，以期使法官能够站在当事人的视角去了解整个案件，认同律师的观点和意见。同样在情理方面，做到“以情动人”，使法官尽量在自由裁量权的范围内，最大可能地予以照顾。

“守正出奇，分享共赢”，也是作者所在的元甲律所服务于当事人始终如一的宗旨和理念。希望本书所精选的这些案例和给出的评析可以对正在面临纠纷和困惑的家庭带去一点帮助和启发。

目 录

上篇 和解篇

下篇　诉 讼 篇

上篇

和解篇

导读

本篇主要介绍律师如何通过和解的方式帮助当事人解决问题、维护权益。大多数当事人遇到纠纷时，第一想法就是想快速解决纠纷，维护自己的最大权益。尤其是婚姻家事案件几乎都涉及情感方面的纠葛，能够快速又和平地解决纠纷有利于保全整个家庭的利益。而且大多数当事人也是希望如果不是特别必要，尽量能不通过诉讼解决就不通过诉讼解决，一是对法院有所畏惧，二是走诉讼程序费时费力效率又特别低，非常不利于当事人实现自身权益。

为了满足当事人的这些要求，和解律师在接到案件之后，会从案件的诸多方面考量，不仅有法律层面的，更多的是从家庭关系、情感入手全面地了解案件当事人之间的关系在发生矛盾之前是一个怎样的状态，这个矛盾是怎样导致双方关系恶化的、双方的利益冲突和诉求点是什么，以及对方当事人的性格特征、为人处世等情况。从而对案件有一个全面的把握和掌控，便于快速地梳理出和解的思路和具体的措施，对方的痛点、弱点，己方的筹码等，同时要指导当事人去做一些辅助工作，以争取更加快地推进案件进程。

在本篇我们列举了一些作者承办过的成功案例，从办案思路和法律法规两个方面给大家解析：一个复杂困难的案子是如何从“步履维艰”到“柳暗花明”的。这些案例语言简单、通俗易懂，让大家能够从本书中学习更多的和解技巧和思路，让大家通过案例学习更多的法律知识，提高自身解决纠纷的能力，减少当事人时间、精力和金钱的支出。

我们也希望能够通过我们的分享帮助到更多需要帮助的人，让法律和律师这些词汇不再显得那么遥远，所谓“助人自助”“授之以鱼不如授之以渔”，在以后的工作中我们会继续不断地向大家分享更多我们的和解经验和专业知识。

案例一 国外房产且没有产权证情况下协商解决离婚

——秦某与梁某离婚纠纷

基本案情

秦某（女）和梁某（男）于2015年10月5日经朋友介绍认识，双方互生好感，在交往6个月之后，双方登记结婚。男方梁某是二婚，比秦某大8岁，婚后双方并未生育子女，秦某成为全职太太，专职在家中照顾家庭和梁某。婚后两年双方感情尚可，但梁某一再提出离婚，秦某无奈同意离婚，但就财产分割产生争议。婚后男方有两套房子，一套在日本，一套在北京，北京房产没有房产证。梁某经营公司的财务状况待查，双方有一辆车在男方名下。

案件焦点

在房产分割方面，日本的房子，一般是在不动产所在地分割，所以双方如果协商不成只能到日本另诉，北京的房产由于没有房产证，双方有争议，诉讼解决也会增加解决问题的时间。故双方协商解决是最好的解决方式。

律师调解结果：经过律师不断与男方梁某沟通向其分析利害关系，知道各项财产在梁某内心的排序，利用公司股份，让其在房产上让步。最终，双方协商同意，日本房产归男方所有，北京房产归女方所有；其他财产都归男方所有，女方不参与分割。

法律依据

《中华人民共和国婚姻法》

第十七条 夫妻在婚姻关系存续期间所得的下列财产，归夫妻共同所有：

（一）工资、奖金；

（二）生产、经营的收益；

（三）知识产权的收益；

（四）继承或赠与所得的财产，但本法第十八条第三项规定的除外；

（五）其他应当归共同所有的财产。

夫妻对共同所有的财产，有平等的处理权。

第三十九条第一款 离婚时，夫妻的共同财产由双方协议处理；协议不成时，由人民法院根据财产的具体情况，照顾子女和女方权益的原则判决。

案例二 通过和解方式顺利帮助当事人走出离婚阴影

——陈某与徐某离婚纠纷

基本案情

陈某（男）与徐某（女）2000年认识，双方是大学同学，并很快建立了恋爱关系。后双方结婚，因男方家庭条件困难，故入赘女方家里。男方一直很迁就女方，婚后育有一女，为更好照顾女儿，女方便辞职在家做全职太太，男方在公司上班。男方通过不断地奋斗逐渐在公司中崭露头脚，坐上了副总裁的位置，在北京、合肥各购得一套房产，还有公司股权及存款若干，但好景并不长，女方徐某怀疑男方陈某在外有第三者，经常检查陈某的手机，并随时“查岗”，女方经常与男方发生矛盾冲突，导致陈某的工作经常受到影响。后来愈演愈烈，徐某经常因此而打骂陈某，限制陈某的人身自由。陈某在一次被徐某殴打之后决定离婚，并逃离了家。

案件焦点

我们接受了陈某委托后，了解到陈某最大的诉求是想尽快从这段婚姻中解脱出来，但女方不同意。考虑通过诉讼程序耗时较长，故建议陈某通过和解的方式实现自身的诉求。

律师调解结果：律师通过从情理和法律两个方面向徐某分析利弊，讲清利害关系，释明结婚和离婚都是个人的权利和自由，但一旦走上法庭，无论是感情还是财产分割都难以有回旋的余地，最主要的是根据双方现有的财产状况，依据法律规定徐某很有可能不会分得过多财产，相反，和解相对还能有一个更好的结果。

所以综合利弊，经过3次谈判，多次的电话、短信沟通，最终徐某同意和陈某离婚，两人去民政局办理了离婚手续。通过调解，陈某不仅保住了公司的股权，维护了自身最大的权益，而且也把对家庭、对孩子产生的伤害降到了最低。

法律依据

《中华人民共和国婚姻法》

第二条第一款 实行婚姻自由、一夫一妻、男女平等的婚姻制度。

案例三 和解方式维护无过错方最大权益

——刘某与韩某离婚纠纷

基本案情

刘某（男）与韩某（女）于2000年认识，并于2002年结婚，双方婚后15年没有生育子女，两人在一个单位上班，平时也互相体谅并没有大的矛盾，但在2016年男方刘某认识了同单位的下属赵某，这让刘某平淡的生活发生了改变，他开始不再甘于现状，慢慢地与赵某发生了不正当关系，赵某一再要求刘某能够尽快离婚，刘某也以双方多年没有子女，无感情为由向韩某提出了离婚。刘某在与韩某多次协商离婚事宜之后，韩某一直拒绝离婚，对于无生育子女的说法，韩某一直在吃中药调理身体，希望能为刘某生儿育女，希望刘某再给她些时间。而刘某出于自身的原因及每天苦于赵某的催促，很快起诉到法院要求离婚。韩某得知被起诉后，委托到我们帮助其协调离婚事宜，刘某坚持自己无任何过错，并不给予任何补偿，双方婚后的唯一房屋成为争执的焦点。

案件焦点

在法院诉讼阶段，没有切实证据的情况下认定男方是过错方非常困难，故想通过诉讼方式帮助女方争得房屋所有权亦是难达到的。

律师调解结果：根据本案件，我们一方面通过讲事实、摆证据在调解阶段给男方刘某施加压力，让其对财产分割作出让步。尤其是我方提供的刘某与赵某亲密接触的照片和赵某与韩某的沟通记录，让刘某无言以对，也让法官对女方产生同情心理，从而达到了对刘某施压的目的。另一方面，我们抓住刘某急于离婚的心态，有针对性地对刘某在是否同意离婚方面做了分析，如果他能同意女方的条件，女方可以忍痛配合其尽快离婚，且女方的条件也并不过分。

通过对刘某在情理和法律方面的释明以及法官从中做的调解，经过两个多小时的谈判，刘某最终同意了女方的要求。通过调解，不仅为韩某争得了房产，也使其在离婚之后仍有安身立命之所和依靠。

法律依据

《中华人民共和国婚姻法》

第三十九条第一款　离婚时，夫妻的共同财产由双方协议处理；协议不成时，由人民法院根据财产的具体情况，照顾子女和女方权益的原则判决。

第四十二条　离婚时，如一方生活困难，另一方应从其住房等个人财产中给予适当帮助。具体办法由双方协议；协议不成时，由人民法院判决。

案例四　和解解决特殊人群离婚诉求

——魏某与纪某离婚纠纷

基本案情

魏某（男）与纪某（女）在2010年相亲认识，在认识半年后双方感觉还可以就登记结婚了，婚后生育了一子，孩子大多由女方照顾，男方负责公司的经营。后公司不断发展壮大，在2017年2月公司即将筹备上市。但此时女方纪某却向魏某提起离婚，双方主要争议财产即公司股权，魏某怕影响公司上市，一直在跟纪某协商，但均无进展，在协商无果下无奈委托律师帮其处理。

案件焦点

公司上市的过程中，如果公司股东被爆出离婚，很有可能会影响公司上市的进程，给公司带来负面影响。故魏某一直想通过协商处理与纪某的离婚，但纪某似乎也是抓住了这一点，对离婚财产分割提出很多苛刻的条件。

律师调解结果：经过律师对整件事情的全面了解和把握，根据纪某的性格特征分析，通过律师的提点，魏某掌握了纪某与第三者亲密关系的证据，另外从离婚的时间点、双方对孩子的照顾和影响、抚养权以及纪某工作等方面，抓住纪某的痛点，最终纪某妥协，男方掌握了公司80%股份，成为公司最大股东，后公司顺利上市。

法律依据

《中华人民共和国婚姻法》

第三十六条第一款至第二款 父母与子女间的关系，不因父母离婚而消除。离婚后，子女无论由父或母直接抚养，仍是父母双方的子女。

离婚后，父母对于子女仍有抚养和教育的权利和义务。

第四十六条 有下列情形之一，导致离婚的，无过错方有权请求损害赔偿：

（一）重婚的；

（二）有配偶者与他人同居的；

（三）实施家庭暴力的；

（四）虐待、遗弃家庭成员的。

第四十七条第一款 离婚时，一方隐藏、转移、变卖、毁损夫妻共同财产，或伪造债务企图侵占另一方财产的，分割夫妻共同财产时，对隐藏、转移、变卖、毁损夫妻共同财产或伪造债务的一方，可以少分或不分。离婚后，另一方发现有上述行为的，可以向人民法院提起诉讼，请求再次分割夫妻共同财产。

案例五　法定继承与遗嘱继承争议和解解决

——吕某1与吕某3继承纠纷

基本案情

吕某1、吕某2是兄弟，吕某3是吕某2的儿子，2010年吕某1和吕某2的父亲吕某去世，后双方的母亲齐某居住在现在双方争议的房子中，并随吕某1一起生活。2016年吕某2去世，在吕某2去世2个月之后，吕某1希望对父母名下位于海淀区一套60平方米的房子进行继承分割，吕某3对吕某1提出的方案不予认可，并拿出了吕某去世之前写的遗嘱，遗嘱中吕某将该房屋留给了孙子吕某3，吕某1对该遗嘱的真实性提出质疑。在双方无法达到一致的情况下，吕某1委托律师帮助处理该纠纷。

案件焦点

诉讼中遗嘱是否真实有效为本案的焦点，且家庭纠纷有协商解决的可能性。

律师调解结果：对于吕某3提供的遗嘱，如果对其真实性不认可的话，只能走法律程序，对笔迹进行鉴定，但是要求提供的对比标本比较严格，很可能吕某1这边是提供不了的，这样对我们不利，故我们只能对现有的遗嘱瑕疵进行分析，因为遗嘱没有标注具体的书写时间，这就给我们谈判创造了条件，因为吕某在去世之前患有很长一段时间的老年痴呆症，故该遗嘱有可能是在吕某无自主意识的情况下书写的，再者我们做吕某1母亲的工作，因为齐某一直都是吕某1照顾，起初齐某也是因为心疼孙子，所以在他们产生争议的情况下，齐某并没有出面调解。后我们在亲情方面给齐某说明相关情况，争得了齐某方面的支持。最后三方开了家庭会议，我方吕某1不采取诉讼手段解决，三方共同签订分家协议，该争议房产一人一半，齐某配合其二人办理产权变更手续，而齐某对房产具有居住使用权，双方都必须尽心尽力照顾老人的生活起居。最终，三方对该解决的结果都很满意。

法律依据

《中华人民共和国继承法》

第五条 继承开始后，按照法定继承办理；有遗嘱的，按照遗嘱继承或者遗赠办理；有遗赠扶养协议的，按照协议办理。

第十六条 公民可以依照本法规定立遗嘱处分个人财产，并可以指定遗嘱执行人。

公民可以立遗嘱将个人财产指定由法定继承人的一人或者数人继承。

公民可以立遗嘱将个人财产赠给国家、集体或者法定继承人以外的人。

案例六 因房产价格上涨导致的房屋交易纠纷

——王某与雷某房屋买卖合同纠纷

基本案情

王某与雷某在2016年3月签订房屋买卖合同，雷某作为买方向卖方王某支付购房定金50万元，后因为房屋价格迅速增长，王某向雷某提出因家人不同意及买家在约定的时间内没有办理下来房屋贷款为由不卖此房屋，并同意退给雷某定金为由解除合同。但是就算定金退回来，雷某也不可能以同样的价格再买到合适的房子，雷某的妻子还在待孕，夫妻俩是卖掉之前的房子来买王某的房子，所以处境非常艰难。在多次和王某进行协商之下，王某仍然不同意，雷某在走投无路之下走上法律途径。

案件焦点

买家贷款时间是否按照约定履行，现在房屋价格猛涨，卖家有可能宁愿承担违约责任也不配合履行约定。

律师调解结果： 在了解完整个事件之后，我们跟雷某共同梳理了一下整个买卖的经过，将其整理成时间表。并且将双方沟通的通话记录和短信记录都进行了严谨的整理，也和中介进行了沟通，争得了中介的支持。同时把相关的法律依据和相似的判例都进行了归纳和整理。在庭前调解阶段我们便给卖家王某施压，综合买家利益和诉讼风险的判断，我们给卖家两条路选择，要不双倍返还定金，要不就配合我们继续办理房屋买卖手续，在经过一个多小时的协调之后，卖家最终选择继续配合买家办理相关房屋过户手续。买家对调解结果非常满意，能够在孩子出生之前住进了新房，对律师的努力也表示非常感谢。

法律依据

《中华人民共和国合同法》

第四十四条 依法成立的合同，自成立时生效。

法律、行政法规规定应当办理批准、登记等手续生效的，依照其规定。

第六十条 当事人应当按照约定全面履行自己的义务。

当事人应当遵循诚实信用原则，根据合同的性质、目的和交易习惯履行通知、协助、保密等义务。

第一百一十五条 当事人可以依照《中华人民共和国担保法》约定一方向对方给付定金作为债权的担保。债务人履行债务后，定金应当抵作价款或者收回。给付定金的一方不履行约定的债务的，无权要求返还定金；收受定金的一方不履行约定的债务的，应当双倍返还定金。

第一百一十六条 当事人既约定违约金，又约定定金的，一方违约时，对方可以选择适用违约金或者定金条款。

案例七 同居期间财产分割的风险

——张某与李某同居关系纠纷

基本案情

张某与李某在2002年认识并同居，但未办理婚姻登记手续，后生育一子一女，并经营着一家公司，共同购买了房和车，房子和车子都登记在男方名下，女方长期在家照顾孩子，故也不太了解公司的财务状况。现男方向女方提出分手，女方一直认为自己对家庭照顾得比较多，也应该多给自己分配财产。没想到男方态度非常坚决，认为公司及房子、车子都是自己奋斗挣来的，跟女方没有关系。双方就财产的分割产生了很大的争议，最终女方不得已委托律师处理。

案件焦点

因为双方在符合结婚年龄之后并未领取结婚证，故双方虽然在一起生活多年但并未形成法律上的夫妻关系，双方的财产分割并不能按照婚姻法的规定来分割，这让女方非常着急。

律师调解结果：律师在了解女方的情况之后，一方面，竭尽所能地对男方经营的公司状况进行调查了解，对女方实际参与经营和分红的情况进行证据搜集；另一方面，通过双方的账户往来，证明男方名下的很多理财和投资都是双方共同参与的。在孩子方面，因为两个孩子跟母亲感情更亲近，故都愿意跟随女方生活。

律师在整理了上述对女方有利的证据之后，根据法律的相关规定，针对为女方争取更多的财产诉求跟男方进行了艰难的谈判，律师先从情方面说动男方，再以理说服，最后以法律给男方施压，结合运用谈判技巧，最终，律师不仅帮助女方维护了一半以上的财产，而且也将对孩子、对家庭产生的伤害降到了最低。

法律依据

《中华人民共和国婚姻法》

第四十条 夫妻书面约定婚姻关系存续期间所得的财产归各自所有，一方因抚育子女、照料老人、协助另一方工作等付出较多义务的，离婚时有权向另一方请求补偿，另一方应当予以补偿。

案例八 因年龄压力而结婚的婚姻冲突

——杨某与胡某和解离婚

基本案情

王女士与胡先生均是北京人，因在工作中认识长达8年，后来因为年龄原因被迫于2016年年初结婚，但是刚结婚不久，王女士与胡先生因为性格及工作原因导致彼此感情不和，故王女士提出与胡先生协商离婚。王女士工资收入极高，胡先生收入相对较低，二人在结婚前王女士购买一套房屋，胡先生支付过少量的金额。但是，对于离婚问题，王女士跟胡先生多次谈判未果，考虑到跟胡先生多年的情谊，以及对自己家人及工作的影响，只想和解，不想走诉讼程序。王女士作为某大型企业的高管，也知道爱人的性格很执着，没有谈判经验的律师是不可能谈成的，经过多家比较后，王女士最终选择了作者所在的元甲律师所，合同签订和解时间为2个月。

案件焦点

本案焦点主要是当事人想快速和解离婚，并且在财产分割上不能做过多让步。

律师调解结果：元甲律师介入之后，刚开始跟胡先生沟通，胡先生根本就置之不理，也不愿意跟王女士离婚，几乎前半个月胡先生都无动于衷，但作为元甲律师来说，持之以恒才是取胜之道，所以依然每天都发信息沟通，晓之以理，动之以情地坚持 20 多天后，胡先生终于同意见面详谈。在谈判中，经过跟胡先生两个多小时的耐心沟通，最终说出了自己的诉求。既然双方有了诉求，那么就看双方是否有契合点了，后来又经过一个多月的沟通，最终找到契合点，双方的工资收入不参与分配，就房子问题，根据购买当时的付款比例予以分配。后来，在元甲律师的陪同下，双方和和气气地办理了离婚手续。

法律依据

《中华人民共和国婚姻法》

第三十九条 离婚时，夫妻的共同财产由双方协议处理；协议不成时，由人民法院根据财产的具体情况，照顾子女和女方权益的原则判决。

夫或妻在家庭土地承包经营中享有的权益等，应当依法予以保护。

第四十二条 离婚时，如一方生活困难，另一方应从其住房等个人财产中给予适当帮助。具体办法由双方协议；协议不成时，由人民法院判决。

案例九 异国分居导致夫妻感情变淡

——胡某与袁某离婚和解

基本案情

胡某与袁某在 2005 年认识，婚后生育一子一女，双方一直分居生活，男方胡某在国外工作，女方袁某在家专职照顾孩子，由于长期不见面，女方袁某逐渐对男方有怨言，觉得胡某不在乎自己和孩子，生活太累了，于是向胡某提出了离婚，在男方不同意离婚的情况下，袁某向法院起诉。

案件焦点

离婚是个人的权利和自由，女方袁某已经提起诉讼，如果其坚持下去，那离婚是必定的结果，如何才能帮助当事人维护住婚姻迫在眉睫。

律师调解结果：胡某非常不想离婚，一是双方还有感情，在一起十多年并没有大的矛盾，自己也是没办法才出国在外的；二是两个孩子都还小，他不想让两个孩子承受这个痛苦，怕影响孩子成长。他自己越是找爱人袁某谈，爱人越是坚持离婚。无奈之下寻求律师帮助，经过几天的比较，大多数律师都是跟他说这是感情的问题，不是法律问题我们无能为力，也有律师说，既然对方已经起诉，直接应诉不同意离婚就可以了。直到胡某咨询到元甲律师事务所，律师给胡某分析了与女方谈判不离婚的思路和方案得到胡某的认可，后元甲律师经过 1 个月与袁某反复沟通，见面详谈。与袁某建立信任关系，站在袁某的角度去分析事情的利弊。后袁某终于想通，回心转意不离婚并去法院办理了撤诉手续，胡某对律师的工作特别认可，最终帮助他维护了自己的家庭。

法律依据

《中华人民共和国婚姻法》

第三十一条　男女双方自愿离婚的，准予离婚。双方必须到婚姻登记机关申请离婚。婚姻登记机关查明双方确实是自愿并对子女和财产问题已有适当处理时，发给离婚证。

第三十二条第一款　男女一方要求离婚的，可由有关部门进行调解或直接向人民法院提出离婚诉讼。

案例十　婚姻中两个家庭导致的婚姻危机

——刘某与于某离婚和解

基本案情

刘某与于某在 2010 年认识，是大学同学，在 2015 年生育一个儿子，后因为孩子照顾的问题，两家的父母产生分歧，也因此导致了他们夫妻之间的矛盾，男方刘某有一个弟弟，比较不懂事经常向刘某借钱，刘某碍于兄弟情分有时会偷偷出钱借给他，也因此让刘某和于某的婚姻矛盾更加激烈。最终，女方于某提出离婚，并且去刘某的公司中大闹，刘某一时气急也同意了离婚。双方一起来到元甲律所共同委托律师来帮助处理财产分割及孩子抚养权的问题。

案件焦点

本案的焦点是双方感情是否破裂，调解双方离婚是否是最好的解决方式。

律师调解结果：在经过律师详细了解了情况之后，发现双方虽然都同意离婚，但双方在处理事情和表达上并没有胡搅蛮缠以自我为中心，而是也考虑对方的想法和感受，故律师在给双方讲清法律上的规定和解决思路之后，单独和双方进行了沟通，男方刘某向律师坦诚并不想离婚，只是一时气急而已，希望律师能够帮助他劝说女方。律师详细制定了跟女方沟通的思路和方案，从情感和道理以及未来孩子的照顾，双方发展的压力等方面给其分析离婚将面临的困境，当然最重要的还是让女方意识到夫妻之间互相理解的重要性，双方有着深厚的感情基础共同经历过很多人生的重要事件，这份情谊都应该珍惜。在沟通了一周之后，于某和刘某共同来到律所感谢律师挽救了他们的婚姻。

法律依据

《中华人民共和国婚姻法》

第四条 夫妻应当互相忠实，互相尊重；家庭成员间应当敬老爱幼，互相帮助，维护平等、和睦、文明的婚姻家庭关系。

案例十一　儿子争财夺利 律师竭尽全力解母忧

——田阿姨与儿子李某房产纠纷

基本案情

2003年田阿姨因丈夫出轨而离婚，儿子李某跟随田阿姨生活，后田阿姨将自己名下的房产变更到了儿子名下，又将家里积蓄为儿子买了两套房产并全部登记到了儿子名下，田阿姨一直都未再婚，一心一意地工作和管理这些房产，后儿子大学毕业因一直养成了母亲供给的生活，导致毕业后也没有积极地找工作，一直收入微薄靠母亲给生活费。后儿子结婚又有了孩子，需要的费用更多，无奈田阿姨尽其所能地去支持，但没想到的是，儿媳和儿子却离自己越来越远，直到儿子儿媳不再主动上门拜访，也不再让孙子去见奶奶，甚至过春节都不拜访，田阿姨很是伤心。后儿子李某提出出售房产要买豪车装修房子以及用来生活，田阿姨起初不同意但为了不激化矛盾就同意了，但是没想到房子出售后还没有收到所有房款，儿子和儿媳就更加过分了，不仅房款一点都不给田阿姨，而且有可能还会卖田阿姨现在住的一套房产，被逼无奈的田阿姨只能来找我们帮忙。

案件焦点

本案焦点在于，第一，田阿姨购买的房产用的都是儿子李某的名字，这就涉及“赠与”的问题，不动产以登记为准，一般登记了就视为赠与完成了。所以，要想再帮田阿姨争取权益，从法律层面非常困难。第二，田阿姨不想走诉讼程序，虽然现在求助于律师，但考虑到母子感情，还是希望和解，故我们在情势非常不利的情况下只能找对方和解。

律师调解结果：律师从三个方面去处理这个事情：第一，分析整个事件对方的痛点弱点在什么地方；第二，从情理家人方面找双方信任的亲戚来调解推进；第三，抓住事情的关键点关键人物，突破防守取得胜利。因为房产正在出售，如果我们对房产的权属问题提起诉讼对房产进行保全，那势必会让儿子承担上百万的违约金，这是李某承受不了的，再者我们给亲属这边出谋划策，让其做李某的工作，李某心理上也受到很大触动。对于关键人物就是李某的亲生父亲，因为李某在结婚之后和亲生父亲走得越来越近，特别听其父亲的话，只要说服李某父亲，这件事情基本就解决了。我们通过无数次电话、短信沟通、三次见面谈判最终帮助田阿姨保住了利益，不但分到了出售房款人民币600万元，还帮其争取到了其现在居住房屋一半的产权，并且在有生之年儿子不允许出卖现居住的房屋，田阿姨对我们律师的工作非常感谢和认可。

法律依据

《中华人民共和国合同法》

第一百八十七条 赠与的财产依法需要办理登记等手续的，应当办理有关手续。

第一百九十二条 受赠人有下列情形之一的，赠与人可以撤销赠与：

（一）严重侵害赠与人或者赠与人的近亲属；

（二）对赠与人有扶养义务而不履行；

（三）不履行赠与合同约定的义务。

赠与人的撤销权，自知道或者应当知道撤销原因之日起一年内行使。

下篇

诉讼篇

第一章　婚约财产纠纷

第一节　彩礼返还纠纷

导读

婚约，从语义理解即关于婚姻的约定。婚约不作为结婚的必经程序，但婚姻当事人自行订立婚约不予禁止，也不予保护，因而婚约对男女双方不产生法律上的约束力，只有在双方自愿的条件下才能履行，解除婚约无须经过诉讼程序，男女双方可以自由解除婚约。但婚约产生的财产关系属于民事法律调整的范畴。婚约财产纠纷主要是彩礼返还问题。理论上关于彩礼的性质、应否返还还有数种观点，实践中，法院审判时大多认为彩礼是附条件的赠与，当婚姻不成立时，赠与合同解除，受赠人即丧失继续占有彩礼的合法理由，如果受赠人拒不返还继承占有财物的，则构成民法上的不当得利，应将不当得利返还对方。

在现实生活中，因经济快速发展，人们的思想发生了巨大的变化，婚前同居的情况已成为一种普遍现象，为此对男女双方未办理结婚登记手续却事实上同居的，若男方要求解除婚约，法院会权衡双方利益，本着保护妇女、保护弱者的原则，在彩礼返还数额上酌情减少，同时若女方已将所收彩礼用于同居后共同生活的，也可减少返还数目或不予返还。

案例一　女方以结婚为条件索取男方彩礼，双方同居生活，解除同居关系时女方应返还彩礼

——王先生诉张女士婚约财产纠纷案

基本案情

王先生与张女士于2010年年初经媒人张某某介绍相识，当年农历5月2日双方按农村风俗习惯举行订婚仪式，通过媒人张某某给付张女士彩礼8800元及忆和源牌手机一部。订婚当天双方便同居生活，后因双方感情不和张女士于当年农历腊月初一与王先生分手，回娘家居住。王先生称订婚时张女士通过媒人向其索要8800元彩礼及价值700元的忆和源牌手机一部，分开后王先生曾多次找媒人及张女士索要彩礼款8800元，张女士均拒绝给付。张女士称："2010年农历五月我与王先生订婚时，8800元彩礼不是我要的，是介绍人给的，当时我也没数有多少钱，就和王先生要了忆和源手机一部。订婚后我就同王先生一直共同生活，钱都给王先生家里花了，现在还剩下2600元，就放在王先生家中。"后王先生一气之下起诉至法院。

案件焦点：借婚姻索取财物的行为是否有效，收到的彩礼是否应当返还。

裁判结果

张女士应将8800元彩礼返还给王先生。

案例评析

法律禁止借婚姻索取财物，张女士订婚时向王先生索要彩礼款8800元，属于不当得利。另外，王先生与张女士并未实际办理结婚登记手续，故张女士应将8800元彩礼款返还王先生。

法律依据

《最高人民法院关于适用〈中华人民共和国婚姻法〉若干问题的解释(二)》

第十条 当事人请求返还按照习俗给付的彩礼的，如果查明属于以下情形，人民法院应当予以支持：

（一）双方未办理结婚登记手续的；

（二）双方办理结婚登记手续但确未共同生活的；

（三）婚前给付并导致给付人生活困难的。

适用前款第（二）、（三）项的规定，应当以双方离婚为条件。

案例二 男女双方订立婚约后同居生活，解除同居关系时，女方应适当返还部分彩礼

——赵某诉汪某婚约财产纠纷案

基本案情

赵某（男）与汪某（女）2010年年底经人介绍确立了恋爱关系，并按民俗订立了婚约，2011年5月双方按照农村习俗举办婚礼，开始同居生活，但双方一直未办理结婚登记手续。订婚前后，赵某给汪某订婚见面礼10001元、过门礼金120000元及赠送“三金”。同居期间双方因性格差异较大，常为生活琐事发生争吵，2012年3月26日汪某离开赵某，没有音讯，赵某多次要求汪家返还所收受的彩礼均遭到拒绝，为此赵某起诉至法院要求汪某退还彩礼。汪某称这些钱在同居期间都花费完了，并且2011年8月汪某怀孕期间赵某对汪某大打出手，导致汪某流产，汪某要求赵某给予精神损害赔偿30000元。

案件焦点：同居期间怀孕流产，已收彩礼是否应当返还。

裁判结果

汪某返还赵某彩礼 80000 元。

案例评析

本案中的重点是赵某给付汪某订婚见面礼 10001 元、过门礼金 120000 元以及“三金”的返还问题。赵某与汪某举行结婚仪式，双方都是抱着建立一个幸福美满家庭的态度而同居生活的，且支付礼金也是赵某自愿的行为，只是后来因性格不和才分开的，故不应当把过错完全归结于一个人身上，所以应当返还部分彩礼。汪某提出的家暴或者夫妻同居期间把彩礼支出殆尽都没有提供相应的证据，故无法得到认可。

法律依据

《最高人民法院关于适用〈中华人民共和国婚姻法〉若干问题的解释(二)》

第十条 当事人请求返还按照习俗给付的彩礼的，如果查明属于以下情形，人民法院应当予以支持：

（一）双方未办理结婚登记手续的；

（二）双方办理结婚登记手续但确未共同生活的；

（三）婚前给付并导致给付人生活困难的。

适用前款第（二）、（三）项的规定，应当以双方离婚为条件。

案例三 男女双方离婚案件正在审理时，因是否准予离婚尚不确定，故不宜合并审理彩礼返还纠纷

——刘某某诉高某某婚约财产纠纷案

基本案情

高某某（女）与刘某某（男）经人介绍相识，于 2013 年 9 月 23 日登记

结婚。2013 年 11 月 23 日，刘某某曾起诉离婚，后又撤回起诉。撤回起诉后，双方感情没有好转，现已分居达二年之久，刘某某曾受到刑事处罚，伤害了夫妻感情，现夫妻关系已名存实亡，高某某提出与刘某某离婚，刘某某称与高某某感情尚未完全破裂，不同意离婚，与此同时，刘某某提出答辩，要求高某某返还彩礼。

案件焦点：彩礼返还是否能在离婚诉讼中一并处理。

裁判结果

判决解除高某某与刘某某婚姻关系。

案例评析

是否准予离婚应以夫妻感情是否确已破裂为条件。本案中，高某某和刘某某经人介绍结婚，婚前感情基础薄弱，婚后共同生活不足三个月，因感情不和分居已满 2 年，经法院调解和好无效，应认定夫妻感情确已破裂，高某某要求与赵某某离婚的诉讼请求应予支持。婚姻彩礼的返还，应以离婚为前提条件，只有确定当事人离婚，方能审理彩礼是否应予返还的诉求，离婚案件正在审理时，因是否准予离婚尚不确定，故不宜合并审理彩礼返还纠纷。

法律依据

《中华人民共和国婚姻法》

第三十二条 男女一方要求离婚的，可由有关部门进行调解或直接向人民法院提出离婚诉讼。

人民法院审理离婚案件，应当进行调解；如感情确已破裂，调解无效，应准予离婚。

有下列情形之一，调解无效的，应准予离婚：

（一）重婚或有配偶者与他人同居的；

（二）实施家庭暴力或虐待、遗弃家庭成员的；

（三）有赌博、吸毒等恶习屡教不改的；

（四）因感情不和分居满二年的；

（五）其他导致夫妻感情破裂的情形。

一方被宣告失踪，另一方提出离婚诉讼的，应准予离婚。

案例四　恋爱期间一方出资购买而以另一方名义办理产权证书的房屋，恋爱关系终止时，另一方应返还出资方购买房屋的出资

——蔡某与程某婚约财产纠纷案

基本案情

蔡某（男）和程某（女）于2013年通过世纪佳缘相识，2014年10月确定恋爱关系。2016年5月，蔡某、程某商定在河南购买一套住宅。2016年9月16日，程某、蔡某与某某房地产开发有限公司订立商品房买卖合同，购买2号住宅楼，建筑面积120平方米，价款110万元。该楼房是以程某名义签订的房屋买卖合同，房产证未下。所购楼房款110万元均由蔡某通过银行转账支付。房屋购买后，程某避而不见，后，蔡某经了解，程某已婚，自己被程某欺骗。蔡某到公安局报刑事案件，公安局未受理。现蔡某以其购买该楼房共投资110万元为由诉至法院，要求程某返还购房款110万元。案件经判决，支持蔡某的诉讼请求，程某返还110万元。

案件焦点：恋爱期间一方出资购买而以另一方名义办理产权证书的房屋，恋爱关系终止时，另一方是否应返还出资方购买房屋的出资。

裁判结果

程某返还蔡某购房出资款110万元。

案例评析

恋爱期间一方出资购买房屋的行为属于民事法律行为中的赠与。但是这

种赠与不同于一般意义上的赠与，这种赠与行为是以恋爱关系的存在和结婚为条件的，所以应属于附义务或者说附条件的赠与。本案中，程某隐瞒婚姻状况，蔡某想与程某结婚的目的不能实现，本着公平原则，程某应返还蔡某支付的购房款。

法律依据

《中华人民共和国民法通则》

第六十二条 民事法律行为可以附条件，附条件的民事法律行为在符合所附条件时生效。

《中华人民共和国合同法》

第一百九十条 赠与可以附义务。

赠与附义务的，受赠人应当按照约定履行义务。

《最高人民法院关于适用〈中华人民共和国婚姻法〉若干问题的解释（二）》

第十条 当事人请求返还按照习俗给付彩礼的，如果查明属于以下情形，人民法院应当予以支持：

（一）双方未办理结婚登记手续的；

（二）双方办理结婚登记手续但确未共同生活的；

（三）婚前给付并导致给付人生活困难的。

适用前款第（二）、（三）项的规定，应当以双方离婚为条件。

案例五 返还彩礼义务人，除婚姻当事人外，参与婚约促成、彩礼约定、彩礼收取的家人在一定情形下也应负连带返还义务

——齐某与肖某婚约财产纠纷一案

基本案情

2010年齐某（男）与肖某（女）经人介绍认识，2013年6月办理结婚登

记手续，双方共同生活不到一年，因齐某家庭暴力，2014 年 5 月 12 日齐某与肖某协议离婚，但是未解决彩礼问题。因双方在订婚过程中，齐某会同媒人张三、李四与肖父商议齐某与肖某的婚事，肖父、肖某提出齐某除给付 3 万元的彩礼款外，还需给付 52000 元现金用于清偿肖某婚前债务。当日婚事商妥后，齐某通过媒人当场向肖父给付现款 3 万元，剩余 52000 元，2013 年 4 月齐某通过媒人支付给肖父。

现齐某以家庭经济困难为由起诉肖某及肖父，要求返还彩礼 82000 元。庭审中，肖某辩称齐某存在家庭暴力，且双方已经协议离婚，不同意退还。肖父则表示自己不是适格被告，齐某不应将其起诉。后案件经法院调解。

案件焦点：返还彩礼义务人，除婚姻当事人外，参与婚约促成、彩礼约定、彩礼收取的家人是否也应负连带返还义务。

裁判结果

肖某及肖父连带返还齐某彩礼 40000 元。

案例评析

1. 彩礼是否返还及返还数额主要是考虑婚姻形式是否符合法定要求，婚后共同生活时间及因彩礼给付金额是否造成给付方生活困难这些因素，家庭暴力不是婚约财产纠纷案件的法定理由，肖某以此抗辩，无法改变其要返还部分彩礼的结局。如肖某想就家庭暴力让齐某进行赔偿，可在离婚后一年内向齐某主张。

2. 关于彩礼返还义务人的确定，肖某作为婚姻当事人，彩礼基于其与齐某婚姻收取，其应当作为彩礼返还的义务人。在婚约的促成、彩礼的约定肖父均参与，其认可媒人将彩礼交与其本人，至于彩礼最终花费去向肖某及肖父无法说清，为此，肖父与肖某连带返还彩礼。

案例六 男方依风俗习惯给付女方彩礼后双方未共同生活亦未登记结婚，解除婚约时女方应返还全部彩礼

——刘某某诉韩某某彩礼返还纠纷案

基本案情

刘某某（男）与韩某某（女）经人介绍于2013年农历2月订婚，当日刘某某给韩某某彩礼1万元，金项链一条价值6165元，戒指一枚价值2450元。支付彩礼后双方仍居住在各自家中。2014年农历正月，韩某某因与刘某某性格不合提出分手后，双方解除了婚约。刘某某要求韩某某返还彩礼未果，诉至法院。

案件焦点：男方依风俗习惯给付女方彩礼后双方未共同生活亦未登记结婚，解除婚约时女方是否要返还全部彩礼。

裁判结果

韩某返还彩礼款1万元，金项链1条（价值6165元）、戒指1枚（价值2450元）。

案例评析

双方在订婚时，按习俗给付的财物，在双方解除婚约时由于双方未办理结婚登记手续，也未共同生活，女方应予返还。故法院经审理后判决韩某某返还刘某某彩礼款1万元，金项链1条（价值6165元）、戒指1枚（价值2450元）。如不能返还金项链和戒指原物，可按其价值折价返款。

法律依据

《最高人民法院关于适用〈中华人民共和国婚姻法〉若干问题的解释（二）》

第十条 当事人请求返还按照习俗给付的彩礼的，如果查明属于以下情

形，人民法院应当予以支持：

（一）双方未办理结婚登记手续的；

（二）双方办理结婚登记手续但确未共同生活的；

（三）婚前给付并导致给付人生活困难的。

适用前款第（二）、（三）项的规定，应当以双方离婚为条件。

案例七　订立婚约双方未办理结婚登记手续，当事人请求返还彩礼的，应当予以支持

——吴某诉陆某婚约财产纠纷案

基本案情

2014年6月，吴某（男）和陆某（女）经人介绍相识，双方按农村风俗举行结婚仪式，没有领取结婚证。为了结婚，吴某为陆某购买“五金”，包括金手镯一副、金项链一条、金耳环一对、金戒指一枚、金耳坠一对。现该五金都在陆某处，五金价值大约为15000元。后吴某又按照风俗支付给陆某礼金37800元。2015年12月，双方因性格不合决定离婚，就彩礼返还事宜多次商讨无果，吴某遂诉至法院，要求陆某返还彩礼。

案件焦点：订立婚约双方未办理结婚登记手续，男方请求返还彩礼的，女方是否应当全额返还。

裁判结果

陆某返还吴某金手镯一副、金项链一条、金耳环一对、金戒指一枚、金耳坠一对及礼金人民币10000元。

案例评析

订立婚约双方未办理结婚登记手续，当事人请求返还按照习俗给付彩礼的，应当予以支持。本案中吴某、陆某双方在订立婚约过程中，吴某为陆某

购置了五金（金手镯、金项链、金耳环、金戒指、金耳坠）并且支付了礼金37800元，有证据证明且陆某认可该事实。但考虑到双方相识、举行婚姻仪式的时间及花销、婚约过程中双方的过错大小等因素综合考虑，法院酌情减少陆某返还彩礼的金额。

法律依据

《最高人民法院关于适用〈中华人民共和国婚姻法〉若干问题的解释（二）》

第十条 当事人请求返还按照习俗给付的彩礼的，如果查明属于以下情形，人民法院应当予以支持：

（一）双方未办理结婚登记手续的；

（二）双方办理结婚登记手续但确未共同生活的；

（三）婚前给付并导致给付人生活困难的。

适用前款第（二）、（三）项的规定，应当以双方离婚为条件。

案例八 男女双方未婚先孕给付彩礼，后女方毁婚流产未办理结婚登记，彩礼不能认定为对女方人身损害的赔偿款

——伍某诉裴某彩礼返还纠纷案

基本案情

2014年5月，伍某（男）与裴某（女）在江苏常州务工时相识恋爱，随着交往的深入，两人发生了男女关系，致使裴某怀孕。2014年10月15日，双方家属赶到江苏常州与子女共同商量婚事，女方要求男方给付6万元的彩礼才同意两人结婚。2014年11月6日，伍某通过中国农业银行股份有限公司A支行向裴某的银行卡转账6万元。2014年12月7日，裴某及其父母到了男方老家，在男方家住了一个晚上后，第二日便离开男方家。此后裴某与伍某便中断了恋爱关系。2014年12月16日，裴某在四川的一家医院做了人流手

术，花医疗费4398.8元。庭审中男方认为是女方嫌男方家里穷而悔婚，应当返还6万元彩礼。而女方辩称是男方的不当行为致使女方怀孕，该彩礼钱是男方给女方的赔偿款，不应退还。

案件焦点：伍某向裴某支付的6万元是彩礼还是赔偿款。

裁判结果

裴某向伍某返还彩礼6万元。

案例评析

彩礼是一种以结婚为条件的赠与行为，本案中裴某在接收彩礼后未与伍某办理结婚登记，反而中断了恋爱关系，伍某要求裴某返还彩礼于法有据。裴某称该6万元不是彩礼，而是伍某给付其的赔偿款，但未提供相应证据，所以无法得到支持。

法律依据

《最高人民法院关于适用〈中华人民共和国婚姻法〉若干问题的解释(二)》

第十条　当事人请求返还按照习俗给付的彩礼的，如果查明属于以下情形，人民法院应当予以支持：

（一）双方未办理结婚登记手续的；

（二）双方办理结婚登记手续但确未共同生活的；

（三）婚前给付并导致给付人生活困难的。

适用前款第（二）、（三）项的规定，应当以双方离婚为条件。

第二节 同居关系纠纷

导读

同居关系，是指男女双方或一方有配偶未办理结婚登记，不以夫妻名义，持续、稳定地共同居住，或男女双方未办结婚登记而以夫妻名义共同生活，但不符合事实婚姻的法定条件的两性结合。

自 1994 年 2 月 1 日民政部《婚姻登记管理条例》[①] 实施后，未办结婚登记以夫妻名义共同生活的男女，双方符合结婚实质条件的，补办登记后，则产生合法婚姻的效力。未补办结婚登记的，其非法同居关系的处理原则如下：

（1）经查确属非法同居关系的，应一律判决解除。

（2）离婚后，双方未再婚，未履行复婚登记手续，又以夫妻名义同居生活，一方起诉“离婚”的，一般应解除非法同居关系。

（3）人民法院审理非法同居关系的案件，如涉及非婚生子女抚养和财产分割问题，应一并予以解决。具体分割财产时应照顾妇女、儿童的利益，考虑财产的实际情况和双方的过错程度，妥善分割。解除非法同居关系时，同居生活期间双方共同所得的收入和购置的财产，一般按共有财产处理。在此期间双方各自继承和受赠的财产，一般按个人财产对待。

人民法院审理解除同居关系案件，除当事人请求解除的同居关系属于

① 已被《婚姻登记条例》废止。

婚姻法第三条、第十二条、第四十六条中“有配偶者与他人同居”以外情形的，人民法院不予受理；但涉及财产分割及子女抚养纠纷的，人民法院应当依法审理。

同居生活期间一方死亡，另一方要求继承死者遗产，如果认定为事实婚姻关系的，可以配偶身份按继承法的有关规定处理；如果在同居期间双方均符合结婚的实质条件，另一方补办登记后，可以配偶身份主张享有继承权；如果认定为非法同居关系，而又符合继承法第十四条规定的，可根据相互扶养的具体情况，作为法定继承人以外的人分得适当的遗产。

故本章节着重从以上几点出发，阐述类似案例与法院判决，以便读者明晰在同居关系上法律规则与界定。

案例一 仅有开房记录，不能认定配偶与婚外异性为同居关系

——李某诉苏某同居关系纠纷案

基本案情

李某（女）和苏某（男）2007年5月经人介绍相识、恋爱，2009年生育一女，2010年2月10日在民政局进行了结婚登记，2013年2月27日生育一子。在共同生活期间，双方曾因生活琐事发生纠纷。2014年4月23日，苏某与李某之父因家庭琐事发生纠纷，经公安局派出所调解后达成协议确定双方均有过错，相互道歉，损失自负。2014年7月18日，因李某怀疑苏某与他人有不正当男女关系报警称有人卖淫嫖娼，经公安局派出所出警调查，李某系谎报，对李某进行批评教育。2014年9月4日，双方因琐事发生吵架，经公安局派出所出警后，告知双方协商解决。

2016年6月李某起诉至北京市通州区人民法院，并提交通州区公安局某派出所出具的《全市旅馆住宿人员（2014年以来）列表》证明苏某与他人有开过房。

案件焦点：苏某是否与他人同居？

裁判结果

在本案中无法认定双方感情破裂未判决离婚。

案例评析

每一份判决都需要以证据为依据，以法律为准绳。在离婚诉讼中，是否判决离婚，关键是看双方是否确已感情破裂，而确认感情破裂的情形之一，就是“有配偶者与他人同居”。

我国对于“有配偶者与他人同居”的认定要求比较高，指的是有配偶的人与他人长期稳定地生活在一起，一夜情、嫖娼等都不能定性为非法同居。

本案中，李某提交法院的《全市旅馆住宿人员（2014年以来）列表》仅证明了被告与他人有共同开房的事实，在无其他证据佐证的情况下，证明不了苏某与其他异性发生了不正当男女关系。同时，本案中苏某与李某双方一直生活在一起，苏某与他人开房的时间不连续、地点不固定，缺乏持续性和稳定性，因此不能认定苏某系“有配偶者与他人同居”。

法律依据

《中华人民共和国婚姻法》

第三十二条 男女一方要求离婚的，可由有关部门进行调解或直接向人民法院提出离婚诉讼。

人民法院审理离婚案件，应当进行调解；如感情确已破裂，调解无效，应准予离婚。

有下列情形之一，调解无效的，应准予离婚：

（一）重婚或有配偶者与他人同居的；

（二）实施家庭暴力或虐待、遗弃家庭成员的；

（三）有赌博、吸毒等恶习屡教不改的；

（四）因感情不和分居满二年的；

（五）其他导致夫妻感情破裂的情形。

一方被宣告失踪，另一方提出离婚诉讼的，应准予离婚。

《最高人民法院关于人民法院审理离婚案件如何认定夫妻感情确已破裂的若干具体意见》

8. 一方与他人通奸、非法同居，经教育仍无悔改表现，无过错一方起诉离婚，或者过错方起诉离婚，对方不同意离婚，经批评教育、处分，或在人民法院判决不准离婚后，过错方又起诉离婚，确无和好可能的。

案例二 同居期间的男女，一方去世，另一方无财产继承权

——张某诉同居对象李某父亲遗产继承纠纷案

基本案情

张某（女）与李某（男）于1990年登记结婚。后因双方性格不合，经常为家庭琐事吵闹，导致感情破裂，于2000年协议离婚。后李某经商做生意，购置房屋一套、汽车一辆。而张某因单位效益不好下岗，生活举步维艰。离婚后双方均未再婚，偶然的机会双方再次见面开始来往，关系日渐亲密，不久双方同居生活，对外称又复婚和好了，但还未领取结婚证。一次意外李某却遭遇车祸身亡，后李某的父亲处理完李某后事并领取赔偿款。张某一气之下诉至法院，请求法院以“妻子”的身份判决让她继承李某的死亡赔偿金及房屋、汽车等遗产，后法院判决驳回张某的全部诉讼请求。

案件焦点：离婚后男女双方自愿恢复夫妻关系但没有登记结婚的，是否可以作为配偶分割遗产。

裁判结果

张某与李某的关系只能算作同居关系，张某不能继承李某的遗产。

案例评析

离婚后男女双方自愿恢复夫妻关系的，跟第一次结婚一样，均需到婚姻登记机关进行登记，否则就不算法律意义上的夫妻，不受法律保护。本案中，张某与李某之前虽为夫妻，但已于2000年离婚，后虽然表面上和好“复婚”，并且共同生活，但因为没有到婚姻登记机关办理复婚登记，所以张某与李某的关系只能属于同居关系，因此张某不能继承李某的遗产。

法律依据

《中华人民共和国婚姻法》

第三十五条 离婚后，男女双方自愿恢复夫妻关系的，必须到婚姻登记机关进行复婚登记。

案例三 同居期间购房，房产证登记在一方名下，另一方无证据证明其出资购房的，不能取得房屋份额

——邢某诉周某同居期间财产纠纷案

基本案情

邢某（男）与周某（女）从2005年开始一直同居生活，没有登记结婚，二人于2008年在成都买下一套期房，由于邢某征信问题，银行无法审批贷款，于是二人决定房屋登记在周某名下，用周某的账户负责还房贷，邢某负责两人的生活开支，房产证上的名字自然也是只署了周某一人的名字，买房之后，因为一些生活琐事，两人感情逐渐生疏，关于房产的归属产生纠纷，诉至法院。

案件焦点：同居期间购买的房产是否可以作为夫妻共同财产进行分配。

裁判结果

法院判决房屋归周某一人所有。

案例评析

本案中因为邢某与周某一直未办理结婚登记，所以其房产分割不能视为夫妻共同财产，而只能是按照同居关系来处理。

按照我国有关法律的规定没有同居关系期间的共同财产分配问题这一说法，只能是按照普通的财产分配来处理该案。又鉴于我国的房产实行登记主义原则，也就是说，如果无其他相反证据证明，那么房产证上写的是谁的名

字，房子就属于谁。因此，只要邢某无法证明该房产属于二人的共同财产，房产证上又只署了周某一个人的名字，那么该房产理应作为周某的个人财产。

法律依据

《中华人民共和国物权法》

第九条 不动产物权的设立、变更、转让和消灭，经依法登记，发生效力；未经登记，不发生效力，但法律另有规定的除外。

依法属于国家所有的自然资源，所有权可以不登记。

案例四 同居期间双方财产混同，一方要求对方净身出户的，无法律依据

——沈某诉韩某同居期间财产纠纷案

基本案情

沈某（女）与韩某（男）未办理结婚登记手续，即以夫妻名义自1998年同居生活至2011年10月，同居时间13年左右，双方在2007年3月之前一直居住在单位集体宿舍。

2007年3月因沈某所在工作单位集体宿舍拆迁，该单位优先照顾，沈某得以个人名义购得经济适用住房一套，购房总价约6万元，该购房款均由沈某以个人名义支付。同年，该房屋进行了装修，装修费用3万余元。2010年11月，沈某为该房屋分别办理了房屋产权登记手续和土地使用权证，所有权人及土地使用权人均登记为沈某。2007年7月至2010年4月，沈某还以个人名义出资购置了一系列家具家电，花费大约3万元。

沈某和韩某共同生活的其他成员还有双方的女儿。2002年10月沈某重新上岗后，工资加奖金收入平均600元/月，2006年工资加奖金收入平均800元/月，另有绩效工资平均3500元/年。韩某在与沈某同居生活前即在某商场的肉食站从事卖肉生意，收入较为可观。双方同居生活后，韩某每月交付生活费500

元至600元给沈某。2006年左右，韩某租用了邻居一套房屋用于开麻将馆，后来搬至争议房屋继续经营，麻将馆营业期间的收入均由沈某负责管理。韩某于2008年解除和肉食站的劳动关系，一次性买断工龄43000元。

沈某与韩某因感情不和，无法继续共同生活，自愿于2011年10月解除同居关系，沈某于2011年11月2日起搬至所在单位的宿舍居住，韩某现居住在讼争房屋。因双方对同居期间的财产归属及分割问题存在较大争议而发生争执诉至法院，请求法院依法判令韩某将该房屋及屋内物品原物返还给沈某，并限期搬离。

案件焦点：双方同居期间财产混同按照何种方式进行分割。

裁判结果

法院判决驳回沈某的诉讼请求，即沈某无权要求韩某限期搬离并将该房屋及屋内物品原物返还给沈某。

案例评析

对于以夫妻名义同居期间添置的财产的所有权归属认定及分割问题，应充分考虑双方的经济关系、对共同生活的贡献、在取得财产中的作用、同居的时间以及公序良俗等因素，而不能简单地认定是共同共有、按份共有还是个人所有。

据此，除同居关系双方对同居期间的经济关系及添置的财产有特别约定或者一方能提供充分证据证明属于单独所有的之外，一般为共有即按份共有。而主张同居生活期间购置的财产为个人所有的一方，理应承担证明购置财产的来源系个人收入的举证责任，否则即应承担败诉风险，而主张共有的一方无须承担举证责任。

本案中，沈某与韩某以夫妻名义共同生活长达13年之久，另有共同生活成员双方的女儿，韩某每月给付沈某生活费500元至600元，双方自2006年开始共同经营麻将馆，麻将馆营业期间的收入均由沈某负责管理等，上述事实足以推定双方经济关系上不分彼此，主要收支混同，并在思想上、行为上将对方作为自己的经济共同体，故双方名为同居，实则早与“夫妻”无异。虽然讼争的房屋登记在沈某名下，购房款收据及家具、家电的收款收据和发票等均注明购买人系沈某，但上述证据仅能证明购房款等均系沈某经手，并不能证明款项来源于沈某个人收入。沈某虽主张与韩某在同居关系期间经济独立，但却无相应证据加以证明，双方对同居生活期间的财产亦无特别约定。故双方争议的房屋及家具家电依法应认定为一般共有财产，在上述财产未进行分割前，沈某及韩某依法均享有共同管理、共同使用的权利，双方当事人均为上述财产的有权占有人。沈某无权要求韩某限期搬离并将该房屋及屋内物品原物返还给沈某。

法律依据

《最高人民法院关于人民法院审理未办结婚登记而以夫妻名义同居生活案件的若干意见》

10. 解除非法同居关系时，同居生活期间双方共同所得的收入和购置的财产，按一般共有财产处理。同居生活前，一方自愿赠送给对方的财物可比照赠与关系处理；一方向另一方索取的财物，可参照最高人民法院（84）法办字第 112 号《关于贯彻执行民事政策法律若干问题的意见》第（18）条规定的精神处理。

案例五 债权人无法证明一方同居期间借款用于同居双方共同生活的，该债务属于借款一方个人债务

——刘某诉孙某及杨某借款合同纠纷案

基本案情

孙某（男）与杨某（女）于 2012 年期间经人介绍相识，春节后便一起到外地打工，并开始一起生活。2013 年 5 月 5 日，两人办理了结婚登记手续。

2012 年 8 月，孙某向刘某借款 4 万元，并出具了借条，借条只有孙某签名。事后，孙某拒绝还款。于是，刘某于 2013 年 11 月将孙某、杨某夫妇诉至法庭，要求二被告返还借款 4 万元。孙某辩称，借条是其书写的，但借款系婚前所借，与其妻无关。杨某辩称，其不知道刘某与孙某之间的借贷关系，自己与孙某于 2013 年 5 月 5 日办理登记，而其丈夫孙某借款时间是在结婚登记之前，应属于孙某个人债务，与自己无关。

案件焦点：同居期间一方债务是否能作为夫妻共同债务。

裁判结果

判决 4 万元为孙某个人借款与杨某无关。

案例评析

在案例中我们可以看到，刘某与孙某、杨某夫妻的主张是截然相反的两个主张，并且各有各的依据。其中，刘某的主张是："关于夫妻一方以个人名义向他人举债，夫妻另一方没有证据证明该债务为借款一方的个人债务的，便推定为夫妻共同债务。"而孙某和杨某的主张是："解除关系时，同居期间为生产、生活而形成的债权、债务关系，可按共同债权、债务处理。那么，同居期间一方以个人名义向他人借款，要认定为同居期间双方的共同债务，必须有证据证明借款是用于同居双方的生产、生活。"真可谓是公说公有理，婆说婆有理，那么到底谁的说法正确呢?

我们来分析一下：首先，我们明确一下借款发生的时间，系孙某和杨某夫妻同居期间，那时孙某、杨某还不是夫妻，不能适用关于夫妻共同债务的规定，而应当适用同居的有关规定；其次，孙某的借款究竟有没有用于同居的生产、生活？无法得知；最后，根据"谁主张，谁举证"的原则，应当由刘某承担举证责任。

法律依据

《最高人民法院关于人民法院审理未办结婚登记而以夫妻名义同居生活案件的若干意见》

11. 解除非法同居关系时，同居期间为共同生产、生活而形成的债权、债务，可按共同债权、债务处理。

案例六 同居期间一方参与另一方家庭的共同劳动，分居时要求分割另一方家庭财产的，法院不予支持

——陈某诉邹某彩礼返还纠纷案

基本案情

2004年7月，邹某与陈某经人介绍相识开始恋爱，同年9月订婚，陈某给付了邹某彩礼钱、金银首饰折币共计22800元，邹某便与陈某开始同居生活，并于2005年5月生育一男孩，但双方一直未办理结婚登记。小孩出生后邹某、陈某经常因家庭琐事吵架，就分手事宜协商过几次未果后，2008年6月陈某遂向法院起诉，请求法院判令邹某及其父母返还彩礼、金银首饰折币22800元。庭审中邹某提出其一直帮忙经营照管陈某父母开的音像店，要求依法分割家庭共同财产。

案件焦点：同居期间参与对方家庭劳动产生的收益如何定性。

裁判结果

本案中，邹某虽参与了家庭的共同劳动，但其与陈某的关系仅是同居关系，不属于陈某的家庭成员，又没有对家庭共有财产的约定，所以邹某不能参与陈某家庭共有财产的分割。

案例评析

在分析案件之前，我们先学习几个概念：1. 家庭共有财产，是指家庭成

员在家庭共同生活关系存续期间，共同创造、共同取得的财产，以及在此基础上购置和积累起来的财产等；2. 夫妻共有财产，是指在婚姻关系存续期间，夫妻一方或双方所取得的财产，它仅存在于夫妻之间；3. 同居期间的共同财产，是指由同居双方共同管理、使用、收益、处分，以及用于债务清偿的财产。

家庭共同财产的发生以家庭共同生活关系为前提，依成员约定而发生，家庭共同财产关系并非因存在家庭共同生活关系而必然发生，产生家庭共同财产，必须还要经过家庭成员的协商选择进行约定。

本案中邹某正确的做法是要求分割与陈某的同居期间的共同财产。

法律依据

《最高人民法院关于人民法院审理未办结婚登记而以夫妻名义同居生活案件的若干意见》

10. 解除非法同居关系时，同居生活期间双方共同所得的收入和购置的财产，按一般共有财产处理，同居生活前，一方自愿赠送给对方的财物可比照赠与关系处理；一方向另一方索取的财物，可参照最高人民法院（84）法办字第112号《关于贯彻执行民事政策法律若干问题的意见》第（18）条规定的精神处理。

第二章　离婚纠纷

导读

离婚案件中，需要处理的法律问题具体分为三大类：

一是离婚问题，感情已破裂是判定夫妻双方离婚的法定条件，外遇与家庭暴力作为当事人起诉离婚的案件所占的比重越来越大，因此这两种情形的认定对离婚案件的审理具有非常重大的意义，法院对该标准的认定也较为严格，必须在当事人有十分确凿证据的前提下才能予以认定，故我们选了几个案例让大家全面了解外遇及家庭暴力的认定标准。

二是子女抚养，以下章节有陈述，故不在此赘述。

三是夫妻共同财产范围的明确。法院在处理此类纠纷时把握的原则主要有以下几个：

1. 协议优先原则。婚姻法不仅在第十九条规定了“夫妻可以约定婚姻关系存续期间所得的财产以及婚前财产归各自所有、共同所有或部分各自所有、部分共同所有”，而且在第三十九条还明确了“离婚时，夫妻的共同财产由双方协议处理；协议不成时，由人民法院根据财产的具体情况，照顾子女和女方权益的原则判决”。因此，离婚时，对于夫妻共同财产的分割，如果当事人之间存在真实有效的财产处理协议，则应当尊重当事人的意思表示，处理财产的协议优先。只有在无协议或者协议无效时，才由法院依照法律规定进行判决。

2. 照顾妇女和儿童权益原则。对于夫妻而言，无论从生理、抚育子女，还是从社会适应度等方面比较分析，妇女在生产生活方面都与男子存在一定差距。此外，父母的离婚也会给未成年子女的生活、学习造成不利影响。因此，我国婚姻法第二条规定了保护妇女、儿童和老人合法权益的原则。为了避免因离婚导致利益的严重失衡和秩序混乱，本着兼顾弱势群体的理念，婚姻法在第三十九条中确定了适当照顾妇女和儿童权益的财产分割原则。

3. 公平原则。民法总则第六条规定了公平原则。公平原则要求以利益均衡作为价值判断标准来调整民事主体之间的利益关系，确定其民事权利和义务。离婚诉讼中的财产分割，涉及财产和财产性利益，也会涉及债务的承担。同时，还要考虑婚姻存续期间因抚育子女、照料老人等付出较多义务一方以及患病一方以后的生活条件。因此，在离婚诉讼中，应当综合考虑婚姻家庭的特点、债权债务的分担及其他实际情况，在当事人之间公平合理地分割财产，避免财产利益过分失衡，有损公平原则。

4. 诚信原则。民法总则第七条规定：民事主体从事民事活动，应当遵循诚信原则，秉持诚实，恪守承诺。这一民法领域的帝王原则同样适用于婚姻关系。夫妻之间，无论结婚或离婚，都应当诚实信用。婚姻法第四十七条的规定即这一原则的具体体现，该条明确规定："离婚时，一方隐藏、转移、变卖、毁损夫妻共同财产，或伪造债务企图侵占另一方财产的，分割夫妻共同财产时，对隐藏、转移、变卖、毁损夫妻共同财产或伪造债务的一方，可以少分或不分。离婚后，另一方发现有上述行为的，可以向人民法院提起诉讼，请求再次分割夫妻共同财产。人民法院对前款规定的妨害民事诉讼的行为，依照民事诉讼法的规定予以制裁。"这就是说，非法处置夫妻共同财产的，离婚时可以少分或不分财产。可见，对于有违诚信恶意多占共同财产者，婚姻法既从财产分割的角度予以惩罚，又可对该妨害民事诉讼的行为予以制裁。

案例一　夫妻一方发现与子女并无亲生血缘关系，离婚时要求另一方损害赔偿及返还抚养费的，人民法院应予支持

——邓某诉柳某离婚纠纷案

基本案情

邓某与柳某于2008年6月25日登记结婚，2010年4月25日柳某育有一子邓小某。2012年2月27日，邓某委托北京天平司法鉴定中心进行对邓小某和邓某之间是否存在亲子关系进行检验，2012年3月12日，北京天平司法鉴定中心进行出具遗传检验报告，结论为根据DNA遗传标记分型结果，不支持邓某是邓小某的生物学父亲。2015年5月邓某起诉，要求柳某赔偿9万元的抚养费及10万元精神损害抚慰金。

案件焦点：柳某是否需要向邓某支付抚养费及精神损害抚慰金。

裁判结果

邓某对邓小某无抚养责任和义务，柳某应返还抚养费9万元，因柳某不忠实于夫妻感情，给邓某造成精神损害，应赔偿精神抚慰金5万元。

案例评析

关于抚养费问题，抚养未成年子女是父母的法定义务，柳某与婚外异性生育一子邓小某，邓某受欺骗抚养了非亲生儿子，邓某对邓小某没有法定的抚养义务，邓某为抚养孩子所产生的经济损失，有权要求柳某及邓小某亲生父亲赔偿，但因为婚姻案件无第三人，为此，赔偿主体就成了柳某。

关于精神损害赔偿问题：我国实施一夫一妻制，柳某违反夫妻忠实的法定义务，与第三人生育一子，主观上存在过错，故其对邓某应承担相应的赔偿责任。

法律依据

《中华人民共和国婚姻法》

第四十六条 有下列情形之一，导致离婚的，无过错方有权请求损害赔偿：

（一）重婚的；

（二）有配偶者与他人同居的；

（三）实施家庭暴力的；

（四）虐待、遗弃家庭成员的。

案例二 因出轨而产生的离婚纠纷中需要提供过错方与他人发生关系或同居证明才可认定为出轨

——李某诉王某离婚纠纷案

基本案情

李某（女）与王某（男）于2012年7月13日经人介绍，按乡俗举行了婚礼，并补办了结婚登记手续，婚后生育儿子王一。其后两人在北京打工，2014年共同在北京经营一家沙县小吃店，2014年3月王某经常无故对李某实施家庭暴力，李某因孩子年幼多次忍让。2016年4月19日双方因王某与雇用的店员经常出双入对而吵架，王某手持钢管对李某实施暴力，致使李某腿部受伤，李某受伤后到陆军总院进行治疗，民警亦到医院对李某、王某制作了谈话笔录。李某病好后又与王某一起生活，其间，李某用录音笔录下了与王某的对话，且偷拍王某与女员工约会的亲密照。2017年1月李某诉至法院要求离婚，同时请求法院认定王某存在家暴及出轨外遇的行为，应赔偿其损失。

案件焦点：王某与女员工亲密搂抱的照片能否认定王某存在出轨行为。

裁判结果

王某存在家庭暴力，李某与王某离婚，王某向李某支付3万元精神损害抚慰金。

案例评析

本案焦点主要是家暴的认定和男方出轨外遇的认定。由于女方提供了多次报警记录、医院诊断证明、受伤照片为证，最终法院认定男方对女方家暴的事实。但女方李某所提供的男方出轨外遇的录音，因男方王某并未在录音中自认，女方提供的王某与女员工亲密搂抱的照片，证明王某在个人行为方面存在问题，但并不能证明王某与女员工发生性关系及同居的事实，故法院最终未认可。

法律依据

《中华人民共和国婚姻法》

第四十六条 有下列情形之一，导致离婚的，无过错方有权请求损害赔偿：

（一）重婚的；

（二）有配偶者与他人同居的；

（三）实施家庭暴力的；

（四）虐待、遗弃家庭成员的。

案例三 不动产婚内共同还贷，在分割财产时房主应根据房屋当下价值按比例补偿未分到房屋的一方

——李某诉张某离婚纠纷案

基本案情

2009年10月张某通过公积金贷款方式购买位于富和园205房屋，当时价格为65万元，张某首付13万元，从银行贷款52万元，契税等其他费用3万

元，婚前张某还贷本息合计15万元。2012年张某与李某结婚时，此套房屋价值为162万元，产权登记在张某名下，婚姻关系存续期间双方共同还贷29万元，其中本金21万元，利息8万元。2017年李某起诉离婚，要求获得房屋补偿款，离婚时房屋价值346万元。张某同意离婚，但对房屋补偿款的数额有异议。李某认为离婚时应按房产现值346万元减去张某购房时的价格及契税68万元作为基数对其进行补偿，即李某应获得的补偿款是139万元。而张某则认为应按离婚时房产现值346万元除以结婚当时的房屋价值162万元再乘双方共同还贷的29万元进行补偿，即李某应获得的补偿款是31万元。

案件焦点：房屋增值共同还贷部分房价款如何计算。

裁判结果

1. 李某与张某离婚。2. 富和园205房屋归张某所有，张某向李某支付房屋补偿款31万元，房屋剩余贷款由张某自行负担。

案例评析

婚姻关系存续期间，双方未约定夫妻财产分别制，双方的工资收入均属于夫妻共同财产。贷款在张某名下，一直由张某偿还，应视为夫妻一起还贷，现房产证登记在张某名下，离婚后仍为张某，但张某应给李某相应的补偿款，补偿款的具体计算方式为：诉争房产现价值除以（结婚时诉争房产价格＋共同已还利息＋契税费用）乘以共同还贷部分再除以2，即346万元/（162万元+8万元+3万元）×29万元/2，故李某应获得的补偿款为29万元。

法律依据

《最高人民法院关于适用〈中华人民共和国婚姻法〉若干问题的解释（三）》

第十条 夫妻一方婚前签订不动产买卖合同，以个人财产支付首付款并在银行贷款，婚后用夫妻共同财产还贷，不动产登记于首付款支付方名下的，离婚时该不动产由双方协议处理。

依前款规定不能达成协议的，人民法院可以判决该不动产归产权登记一方，尚未归还的贷款为产权登记一方的个人债务。双方婚后共同还贷支付的款项及其相对应财产增值部分，离婚时应根据婚姻法第三十九条第一款规定的原则，由产权登记一方对另一方进行补偿。

案例四　婚前父母出资购房，该出资应认定为父母对孩子个人的赠与

——陈某诉贾某离婚纠纷案

基本案情

陈某（男）与贾某（女）于2013年3月通过网络相识，于2014年10月31日登记结婚。婚后，二人未生育子女。2014年3月12日，陈某与案外人塔某订立《北京市存量房屋买卖合同》（以下简称买卖合同）以及定金协议书，陈某购买大兴区××2号房屋，房屋建筑面积88.75平方米。陈某与塔某约定，购房总价款为310万元，陈某支付塔某购房首付款150万元（包含陈某及其父母出资130万元，贾某及其父母出资20万元），剩余款项由陈某申请贷款支付。对于出资问题，陈某称上述130万元，系其父母为其提供的借款。贾某称其自行出资14万元，剩余款项系父母出资。2014年4月23日，陈某向贾某出具其书写的证明一份，载明：北京市大兴区××2号房屋，待房产证办理下来后，陈某与贾某取得结婚证后，在产权证上加上贾某姓名，证明为夫妻双方共有财产。2015年1月5日，大兴区××2号房屋的所有权证书下发，登记的所有权人系陈某与贾某，二人共同共有此房屋。现陈某与贾某双方感情破裂，陈某起诉离婚，要求确认大兴区××2号房屋归其所有，同时，父母出资的130万元是夫妻共同债务，要求贾某偿还欠款65万元。

案件焦点：婚前父母出资购房，该出资是否可以认定为父母对孩子个人的赠与。

裁判结果

1. 大兴区××2号房屋归陈某所有，剩余贷款由陈某偿还；2. 陈某在判决生效后，向贾某支付56万元的房屋折价款。收到判决后陈某不服，提起上诉，二审法院维持一审判决。

案例评析

本案中双方争议的焦点是陈某父母的出资是否为借款，本案特别要注意案件发展时间轴，陈某、贾某购房时间为2014年3月12日，结婚登记时间为2014年10月31日。大兴区××2号房屋是在双方婚前购买，陈某及其父母、贾某及其父母为买房进行了出资。而且婚后陈某、贾某没有还款给父母的行为。因此，陈某与贾某各自父母的出资，应视为对各自子女的赠与，而非债务。鉴于陈某出资较多，且贷款是陈某向银行所贷，为此根据双方的出资比例，确实陈某所占房屋份额多，给贾某一定比例的折价款。

法律依据

《最高人民法院关于适用〈中华人民共和国婚姻法〉若干问题的解释(二)》

第二十二条第一款　当事人结婚前，父母为双方购置房屋出资的，该出资应当认定为对自己子女的个人赠与，但父母明确表示赠与双方的除外。

案例五　法院对双方感情是否破裂审核严格，未存在法定情形，法院不会判决离婚

——李某诉张某离婚纠纷案

基本案情

李某（女）与张某（男）于2013年11月经人介绍相识，2014年7月28日登记结婚，2016年2月23日生育女儿张一。2017年5月23日，张某逼李

某离职照顾其孩子，对此问题李某和张某未协商一致，李某为缓和矛盾回娘家居住，待再回家时，张某更换家中钥匙，将李某赶出家门，同时张某将女儿藏匿，不让李某与女儿见面。2017 年 7 月，张某多次到李某娘家贴大字报，在李某所在小区发表有损李某声誉的言论，同时用大衣柜堵住李某家门，不让李某与李母出门。李某曾多次求助于妇联，解决双方矛盾，均无果。2017 年 9 月，李某以夫妻感情已破裂为由起诉离婚，并要求拥有女儿的抚养权。庭审中，张某不同意离婚，同时向李某哭诉认识到自己的错误，愿意改正，而且孩子还小，请李某给一个完整的家。

案件焦点：张某在李某所在小区贴大字报，发表有损李某声誉的言论，是否能作为张某与李某感情破裂的证据。

案例评析

首次起诉离婚的案件，起诉一方无法提供对方出轨、家庭暴力等证据，且在对方不同意离婚的情况下，法院的态度惯常都是大事化小，小事化无，不会轻易判决离婚，而会给夫妻双方留下缓冲和解的空间。本案中，法院认为张某贴大字报的原因是张某母亲生病，张某一时的过激行为，除此之外张某与李某没有其他矛盾，为此，贴大字报不能认定张某与李某感情破裂。

裁判结果

驳回李某的离婚诉讼请求。

法律依据

《最高人民法院关于人民法院审理离婚案件如何认定夫妻感情确已破裂的若干具体意见》

人民法院审理离婚案件，准予或不准离婚应以夫妻感情是否破裂作为区分的界限。判断夫妻感情是否确已破裂，应当从婚姻基础、婚后感情、离婚原因、夫妻关系的现状和有无和好的可能等方面综合分析。根据婚姻法的有关规定和审判实践经验，凡属下列情形之一的，视为夫妻感情确已破裂。一方坚决要求离婚，经调解无效，可依法判决准予离婚。

1. 一方患有法定禁止结婚的疾病，或一方有生理缺陷，或其他原因不能发生性行为，且难以治愈的。

2. 婚前缺乏了解，草率结婚，婚后未建立起夫妻感情，难以共同生活的。

3. 婚前隐瞒了精神病，婚后经治不愈，或者婚前知道对方患有精神病而与其结婚，或一方在夫妻共同生活期间患精神病，久治不愈的。

4. 一方欺骗对方，或者在结婚登记时弄虚作假，骗取《结婚证》的。

5. 双方办理结婚登记后，未同居生活，无和好可能的。

6. 包办、买卖婚姻、婚后一方随即提出离婚，或者虽共同生活多年，但确未建立起夫妻感情的。

7. 因感情不和分居已满三年，确无和好可能的，或者经人民法院判决不准离婚后又分居满一年，互不履行夫妻义务的。

8. 一方与他人通奸、非法同居，经教育仍无悔改表现，无过错一方起诉离婚，或者过错方起诉离婚，对方不同意离婚，经批评教育、处分，或在人民法院判决不准离婚后，过错方又起诉离婚，确无和好可能的。

9. 一方重婚，对方提出离婚的。

10. 一方好逸恶劳、有赌博等恶习，不履行家庭义务、屡教不改，夫妻难以共同生活的。

11. 一方被依法判处长期徒刑，或其违法、犯罪行为严重伤害夫妻感情的。

12. 一方下落不明满二年，对方起诉离婚，经公告查找确无下落的。

13. 受对方的虐待、遗弃，或者受对方亲属虐待，或虐待对方亲属，经教育不改，另一方不谅解的。

14. 因其他原因导致夫妻感情确已破裂的。

案例六 一方因遭受家庭暴力导致离婚的，有权请求精神损害赔偿金

——刘某诉韩某离婚纠纷案

基本案情

韩某（男）、刘某（女）于2010年10月22日登记结婚，未生育子女。韩某、刘某婚后常发生矛盾，韩某多次殴打刘某，2015年5月30日双方达成协议，该协议中，韩某保证不再殴打刘某，同年10月18日，韩某、刘某再次协议，该协议中韩某表示不再殴打刘某。但协议对韩某无约束力，2017年3月1日，韩某、刘某再次发生矛盾后，韩某打伤刘某，刘某反击。同日，刘某被打伤并到医院治疗；韩某亦被打伤并到医院治疗。刘某所受损伤经鉴定构成为轻微伤。2017年5月4日刘某起诉，请求判令：1. 韩某与刘某离婚。2. 韩某给付8万元精神损害抚慰金。法院支持了刘某的诉讼请求。

案件焦点：保证书是否可以认定韩某存在家庭暴力及2017年3月1日韩某及刘某的互殴行为，是否可以认定双方均存在家庭暴力。

裁判结果

法院判决：1. 刘某与韩某离婚；2. 韩某向刘某支付2万元的精神损害抚慰金。

案例评析

所谓“家庭暴力”，是指行为人以殴打、捆绑、残害、强行限制人身自由或者其他手段，给其家庭成员的身体、精神等方面造成一定伤害后果的行为。本案中，刘某提供的韩某的保证书及医院的验伤报告等材料，已说明韩某构成家庭暴力。为此法院支持了刘某的诉讼请求。同时提醒，双方互殴不属于家庭暴力。

法律依据

《中华人民共和国婚姻法》

第四十六条 有下列情形之一，导致离婚的，无过错方有权请求损害赔偿：

（一）重婚的；

（二）有配偶者与他人同居的；

（三）实施家庭暴力的；

（四）虐待、遗弃家庭成员的。

案例七 婚内夫或妻一方将其所有的不动产赠与另一方的，赠与方在赠与房产变更登记之前可撤销赠与

——叶某诉柯某离婚纠纷案

基本案情

2003 年，柯某以商业贷款的方式购买了位于房山区 2106 号房屋（首付款 46 万元）。2008 年，柯某通过提前偿还贷款方式将所借款项全部还清。2010 年该房屋取得所有权证，登记在柯某名下。2011 年 2 月 14 日，柯某与叶某登记结婚。结婚后，双方感情尚可，2013 年 5 月柯某与第三人存在不正当婚外性关系，叶某要求离婚，柯某向叶某承诺与第三人分手，日后好好经营双方婚姻。叶某表示不离婚可以，但柯某应将房山区 2106 号房屋加上叶某名字，确认该房屋为夫妻共有财产，柯某为挽救婚姻，与叶某签订《婚内财产协议书》。协议签订后，双方未办理房屋过户手续。2015 年 4 月，叶某起诉离婚，要求确认房山区 2106 号房屋属于夫妻共同财产，柯某向叶某支付一半的房屋折价款。而柯某则要求撤销房屋的赠与，确认房山区 2106 号房屋归柯某个人所有。

案件焦点：夫妻双方在婚姻关系存续期间签订书面协议，约定一方个人所有的房屋由夫妻共同共有，但未办理产权变更登记，该协议是否有效？

裁判结果

1. 叶某与柯某离婚；2. 房山区 2106 号房屋归柯某个人所有，驳回叶某的其他诉讼请求。

案例评析

房山区 2106 号房屋产权人登记为柯某，其于 2013 年 5 月与叶某签订《婚内财产协议书》，将涉案房屋由柯某单独所有约定为与叶某二人共同共有，因当时双方并未离婚，故柯某这一行为实质属婚内赠与性质。柯某作为赠与人在房产变更登记前可以撤销赠与。

法律依据

《最高人民法院关于适用〈中华人民共和国婚姻法〉若干问题的解释（三）》

第六条 婚前或婚姻关系存续期间，当事人约定将一方所有的房产赠与另一方，赠与方在赠与房产变更登记之前撤销赠与，另一方请求判令继续履行的，人民法院可以按照合同法第一百八十六条的规定处理。

《中华人民共和国合同法》

第一百八十六条 赠与人在赠与财产的权利转移之前可以撤销赠与。

具有救灾、扶贫等社会公益、道德义务性质的赠与合同或者经过公证的赠与合同，不适用前款规定。

案例八 夫妻一方向另一方借款经营个人事务的，离婚时另一方要求偿还借款的，法院应予支持

——江某诉郑某离婚纠纷案

基本案情

江某、郑某双方于 1990 年 8 月 26 日登记结婚，婚后育有一女，已成年。双方婚后常因生活琐事发生矛盾。江某曾于 2013 年 6 月起诉离婚后撤诉，撤

诉后双方关系并未改善，仍分居至今。2011 年 11 月 4 日，江某向罗某借款人民币 28 万元，2013 年 2 月 13 日到期后未能归还。2013 年 7 月 18 日，在债权人的要求下，江某使用了家中的红木家具抵账偿还第三人罗某的借款，为此江某给郑某写有借条一张，即江某共向郑某借款 41.5 万元，若江某、郑某离婚，江某必须及时偿还郑某此笔借款。2017 年 3 月江某起诉离婚，同时请求确认借条无效，江某对外欠款 200 万元郑某需负担一半。

案件焦点：婚姻关系存续期内，江某向郑某出具的借款是否具有法律效力及夫妻共同债务及个人债务的认定。

裁判结果

1. 江某与郑某离婚；2. 江某需偿还郑某 41.5 万元欠款；3. 江某对外负债由江某自行承担。

案例评析

本案中，江某无法提供证据证明所借 200 万元用于家庭生活，故该欠款应属于江某个人债务，应由江某个人负责。而江某写有借条尚欠郑某 41.5 万元一事，是双方真实意思表示，且江某未提供证据当时受胁迫，该借条有效，江某应向郑某偿还 41.5 万元。

法律依据

《最高人民法院关于适用〈中华人民共和国婚姻法〉若干问题的解释（三）》

第十六条　夫妻之间订立借款协议，以夫妻共同财产出借给一方从事个人经营活动或用于其他个人事务的，应视为双方约定处分夫妻共同财产的行为，离婚时可按照借款协议的约定处理。

案例九 一方在离婚诉讼期间或离婚诉讼前转移夫妻共同财产，分割夫妻共同财产时可少分或不分

——雷某诉宋某离婚纠纷案

基本案情

雷某（男）和宋某（女）于2005年5月13日登记结婚，婚后未生育子女，双方婚后因琐事感情不和，2014年2月分居，2014年4月雷某将名下账户内的21万元转给其朋友张某，账户余额为723元。2015年3月雷某起诉离婚，要求离婚并平分宋某名下的30万元存款。庭审中，宋某提供证据证明30万元存款系其婚前存款，不同意平分，同时，宋某申请调查2014年2月雷某账户内的银行流水，通过银行流水发现雷某有21万元资金转出的行为。

案件焦点：雷某是否转移夫妻共同财产和夫妻双方名下的存款应如何分割。

裁判结果

法院经审理判决：1. 雷某与宋某离婚；2. 宋某名下的财产归宋某所有；3. 雷某向宋某支付15万元。

案例评析

婚姻关系存续期间内，没有约定财产归各自所有，那么在存续期间的收入，应作为夫妻共同财产予以分割，雷某通过支付宝转账的方式将21万元转让至其朋友张某名下，雷某对该款项用途无法进行合理解释，应认定雷某存在故意转移、隐藏夫妻共同财产的情节，在判决时，雷某应少分财产。

法律依据

《中华人民共和国婚姻法》

第四十七条第一款 离婚时，一方隐藏、转移、变卖、毁损夫妻共同财

产，或伪造债务企图侵占另一方财产的，分割夫妻共同财产时，对隐藏、转移、变卖、毁损夫妻共同财产或伪造债务的一方，可以少分或不分。离婚后，另一方发现有上述行为的，可以向人民法院提起诉讼，请求再次分割夫妻共同财产。

案例十　离婚纠纷中夫妻一方驾驶非运营车辆肇事，应由肇事者独自承担赔偿责任

——李某诉周某离婚纠纷案

基本案情

李某（男）与周某（女）经人介绍于2010年相识，2013年3月12日双方登记结婚。婚后生活期间因性格不合，经常发生争吵。李某于2014年6月以夫妻感情破裂为由向法院起诉离婚，法院判决不准离婚。2015年周某与朋友聚会喝酒散场后，周某驾车路上发生交通事故，将路人张三撞成重伤后逃逸，后法院判决周某赔偿张三经济损失89万元。2017年5月14日李某起诉离婚，庭审中周某答辩要求认定89万元是其与李某夫妻共同债务，李某应承担一半即44.5万元。

案件焦点：夫妻一方因侵权产生的债务是个人债务还是夫妻共同债务？

裁判结果

法院经审理判决：1. 李某与周某离婚；2. 89万元是周某个人债务，由周某自行负担。

案例评析

该案件的焦点主要为夫妻共同债务，因周某的车辆并非营运车辆，交通事故是由于周某个人原因违反交通规则，应承担事故全责。这些债务也没有用于夫妻共同生活，故该交通事故赔偿款属于周某个人债务，李某不用承担。

法律依据

《最高人民法院关于适用〈中华人民共和国婚姻法〉若干问题的解释（二）》

第二十四条 债权人就婚姻关系存续期间夫妻一方以个人名义所负债务主张权利的，应当按夫妻共同债务处理。但夫妻一方能够证明债权人与债务人明确约定为个人债务，或者能够证明属于婚姻法第十九条第三款规定情形的除外。

《最高人民法院关于审理涉及夫妻债务纠纷案件适用法律有关问题的解释》

第三条 夫妻一方在婚姻关系存续期间以个人名义超出家庭日常生活需要所负的债务，债权人以属于夫妻共同债务为由主张权利的，人民法院不予支持，但债权人能够证明该债务用于夫妻共同生活、共同生产经营或者基于夫妻双方共同意思表示的除外。

案例十一 夫妻双方离婚协议约定离婚后房产归一方所有，且办理了变更登记，但最终没离婚的，已变更登记的房产属于夫妻共同财产

——莫某诉李某离婚纠纷案

基本案情

莫某（女）与李某（男）于2002年上半年经人介绍相识，2003年3月双方登记结婚，同年10月21日生育一子李一。婚后，莫某与李某的夫妻感情较好。2007年暑假，李某阻止莫某外出做家教，双方发生言语争执。之后，夫妻关系时好时坏。2010年5月，莫某草拟离婚协议一份交给李某。李某答应如果儿子由其抚养和夫妻存续期间购买的宅基地（使用权登记为女方，价值20万元）归男方所有的，愿意去办离婚手续。同年7月，莫某与李某到土地管理部门将原登记在莫某名下的（2006）第0036号《土地使用证》范围内

的土地使用权全部变更给李某名下。但是，李某反悔，不同意离婚。同年8月初，莫某搬离家中在外租屋居住，并向法院提起诉讼，请求判决准许离婚，并分割共同财产（价值20万元的宅基地）。李某辩称，莫某已将其份额赠与自己，宅基地属于其个人财产，夫妻双方现已无共同财产。案件已经法院判决。

案件焦点：原告莫某与被告李某草拟的离婚协议是否生效，变更后的财产是否仍是夫妻共同财产。

裁判结果

变更后的财产属于夫妻共同财产，但因原告莫某是首次离婚、被告李某不同意离婚，驳回了原告莫某的离婚诉讼请求。

案例评析

离婚协议是解除夫妻双方人身关系的协议，该协议必须是书面协议，要双方当事人签名成立。否则，即使有证人证言证明双方达成离婚合意，但由于一方没有在离婚协议上签名确认，在法律上该离婚协议是没有成立的。同时，离婚协议是以解除婚姻关系为基本的目的，需双方到婚姻登记机关办理登记离婚，该协议才能生效，对双方当事人产生法律约束力。本案中，莫某与李某在协议离婚过程中经双方协商对财产分割进行处理，是双方真实意思表示，并且已经进行了变更登记，但由于李某并未在离婚协议上签名，且双方未到婚姻登记处办理离婚登记，因此，该婚内离婚协议无效，关于财产的约定也无效。

法律依据

《最高人民法院关于适用〈中华人民共和国婚姻法〉若干问题的解释（三）》

第十四条 当事人达成的以登记离婚或者到人民法院协议离婚为条件的财产分割协议，如果双方协议离婚未成，一方在离婚诉讼中反悔的，人民法院应当认定该财产分割协议没有生效，并根据实际情况依法对夫妻共同财产进行分割。

案例十二 遭受家庭暴力，可申请人身保护令

——李某诉宋某离婚纠纷案

基本案情

李某（女）与宋某（男）系夫妻关系，2011年11月结婚。2015年宋某开始对李某实施捆绑、殴打、谩骂等暴力行为。2016年3月15日，李某在被连续殴打三天后，被逼无奈从家中跳楼，跳楼又被宋某抱回楼上继续殴打，直至李某坚持不住，宋某才拨打120急救电话，将李某送往医院救治。在医院治疗期间，宋某又多次到医院骚扰李某，辱骂医生、病人及李某家属。李某于2016年9月28日向人民法院提出申请，禁止宋某实施家庭暴力，禁止宋某骚扰、跟踪、接触李某及其近亲属。

案件焦点：李某可否向法院申请人身保护令保护自己。

裁判结果

人民法院根据李某的陈述及公安机关记载材料、医院病情介绍单、妇联出具的意见等材料，认定李某面临家庭暴力风险，依照《中华人民共和国反家庭暴力法》的相关规定，依法裁定禁止宋某实施家庭暴力；禁止宋某骚扰、跟踪、接触李某及其近亲属。

案例评析

根据反家庭暴力法的规定，人身安全保护令涵盖了诉前、诉中和诉后各时间段，当事人申请人身安全保护令无须依附离婚诉讼，本案李某就是在两次离婚诉讼间隔期间申请的人身安全保护令。当地妇联也发挥了积极作用，为李某出具意见，有效维护了家暴受害者的权益。法院通过发出人身安全保

护令，依法、适时、适度干预家庭暴力，保护了受害人的人身安全和人格尊严，彰显了法律的权威。

法律依据

《中华人民共和国反家庭暴力法》

第二十三条　当事人因遭受家庭暴力或者面临家庭暴力的现实危险，向人民法院申请人身安全保护令的，人民法院应当受理。

当事人是无民事行为能力人、限制民事行为能力人，或者因受到强制、威吓等原因无法申请人身安全保护令的，其近亲属、公安机关、妇女联合会、居民委员会、村民委员会、救助管理机构可以代为申请。

案例十三　以家庭名义申请的公租房不属于夫妻双方的共同财产，除夫妻双方外，其他申报人也享有公租房的居住权

——袁某诉郑某离婚纠纷案

基本案情

袁某与郑某曾系夫妻，2016 年 6 月 28 日，郑某以其名义申请公共租赁住房一套，“公共租赁住房申报汇总表”和郑某提交的《公共租赁住房申请审核表》中均显示袁某及案外人郑子、郑女、郑父、郑母为共同申请人，2017 年 2 月 20 日郑某作为承租方与作为出租方的住房建设管理中心签订了《公共租赁住房租赁合同》，约定由郑某承租位于阳光小区 121 号房屋，租期一年（2017 年 2 月 20 日至 2018 年 2 月 20 日），合同签订时郑某搬入该房屋居住，且按期缴纳租赁费、物业费等相关费用。2017 年 2 月 20 日袁某起诉离婚，要求确认其对阳光小区 121 号房屋有居住权，郑父与郑母搬离该房屋。案件经判决确认袁某有居住权，但郑父及郑母也有居住权，驳回袁某的其他诉讼请求。

案件焦点：以家庭名义申请的公租房是否属于夫妻双方的共同财产。

裁判结果

法院经审理判决：驳回袁某的诉讼请求。

案例评析

夫妻共同财产应限于夫妻双方在夫妻关系存续期间所得的符合法律规定的财产，本案中诉争的公共租赁住房租赁申请人为袁某与郑某双方及其子女和郑某父母，该房屋的租赁权和居住权不宜认定为夫妻共同财产，而是应属双方家庭与郑某父母家庭共同享有，在租赁期间内，各申请人均享有居住权，袁某享有的居住权并不能排除其他权利人享有的居住权。为此，法院确认袁某对涉案房屋享有居住权，但袁某要求其他居住权人搬出房屋的诉讼请求不予支持。

法律依据

《最高人民法院关于审理离婚案件中公房使用、承租若干问题的解答》

二、问：夫妻共同居住的公房，在什么情况下，离婚双方均可承租？

答：夫妻共同居住的公房，具有下列情形之一的，离婚后，双方均可承租：

（一）婚前由一方承租的公房，婚姻关系存续5年以上的；

（二）婚前一方承租的本单位的房屋，离婚时，双方均为本单位职工的；

（三）一方婚前借款投资建房取得的公房承租权，婚后夫妻共同偿还借款的；

（四）婚后一方或双方申请取得公房承租权的；

（五）婚前一方承租的公房，婚后因该承租房屋拆迁而取得房屋承租权的；

（六）夫妻双方单位投资联建或联合购置的共有房屋的；

（七）一方将其承租的本单位的房屋，交回本单位或交给另一方单位后，另一方单位另给调换房屋的；

（八）婚前双方均租有公房，婚后合并调换房屋的；

（九）其他应当认定为夫妻双方均可承租的情形。

第三章　离婚后财产纠纷

导读

离婚后财产纠纷是指婚姻关系结束后产生的财产纠纷。我国法律规定了两种离婚方式：一是登记离婚；二是诉讼离婚，婚姻关系存续期间，每对夫妻都或多或少拥有一些共同财产，离婚后，夫妻身份关系消失，夫妻共同财产也就失去了存在的基础，必须进行分割。夫妻共同财产一般在离婚时分割，但离婚时未分割或虽进行了分割后反悔或发生可以再次分割夫妻共同财产的情形时，即产生离婚后财产纠纷。离婚后财产纠纷可分为两大类：一是登记离婚后财产纠纷；二是诉讼离婚后财产纠纷。

登记离婚对于当事人离婚的内容与诉讼离婚具有同等的法律效力，但财产的分割仅体现当事人的意志，婚姻登记机关对其不予审查或仅作形式审查，财产分割内容未得国家公权力认可，当事人事后有异议甚至反悔的，仍享有诉权。至于离婚协议中未作处理的财产，当事人当然可以向法院提起诉讼。

诉讼离婚后，当事人对既判力所及的财产有争议的，已无诉权，以维护生效裁判的严肃性。也就是说，如果在法院的生效法律文书（判决书、调解书、裁定书）中已经处理的财产，当事人不得就此向法院提起再次分割的诉讼，而只能是通过申请再审的途径。对于离婚诉讼中忽略了的财产，或某种原因漏审、漏判的财产，则可以另行提起诉讼。

另外需要注意的是，男女双方协议离婚后就财产分割问题反悔，向人民法院请求变更或者撤销财产分割协议的，应当在协议离婚后一年内提出。若是离婚后发现一方在离婚时隐瞒了在婚姻关系存续期间取得的财产或其他收益，从而主张再次分割夫妻共同财产的纠纷，则诉讼时效为三年。

离婚后的财产纠纷，包括以下几种情形：其一，当事人双方离婚时未对婚姻关系存续期间的夫妻财产进行分制而在离婚后对财产分配问题发生争议而引发的纠纷；其二，当事人离婚后因履行离婚协议时达成的财产分割协议而引发的纠纷；其三，双方当事人离婚后一年内就财产分割问题反悔而引起的争议；其四，一方当事人于婚姻关系结束后发现一方在婚姻关系存续期间存在离婚时未分割的其他财产而引发的纠纷。

案例一　离婚后财产纠纷中关于执行离婚协议中约定房产归未成年孩子的情形，房屋归孩子所有

——张某与李某离婚后财产纠纷案

基本案情

张某（男）与李某（女）曾是夫妻关系，1991 年 2 月 14 日张某与李某登记结婚，婚后于 1996 年 5 月生育一子张某某，现就读于潍坊某职业学院，2015 年 4 月 20 日张某与李某到潍坊市潍城区民政局协议离婚，当时双方对夫妻共同财产处理约定位于潍坊市潍城区的房屋归他们的儿子张某某所有（该房屋的权利人张某和李某，张某占 99% 的产权份额，李某占 1% 的产权份额）。2015 年 6 月潍坊市潍城区人民法院民事判决张某某变更由张某抚养，法院判决后张某多次要求李某配合办理房屋的变更登记手续，但李某均拒不配合，李某称：房屋在离婚时有个协议，房屋我有权居住，如果现在我把房屋过户了，你们把房屋卖了，我就没地方住了，我不是不把房屋过户给你，到了时间自然会给你过户。而张某某称：我是你们双方的儿子，现在已经是大学生，已经成年，具有完全的民事行为能力，在张某和李某离婚时有个协议约定，位于潍坊市潍城区的房屋归我所有，李某应配合我办理房屋过户登记。后来李某拒不配合，双方协商未果，张某某和张某遂起诉到法院，诉讼请求：依法确认潍坊市潍城区的房屋归张某某所有；要求李某配合张某和张某某将位于潍城区的房屋变更登记在张某某名下。

案件焦点：离婚协议中规定房屋归孩子所有是否有效。

裁判结果

经法院判决，位于潍坊市潍城区的房屋产权归张某某所有，被告李某在判决生效后十日内将位于潍坊市潍城区房屋产权的 1% 的份额过户给张某某。

案例评析

张某与李某签订的《离婚协议书》的财产处理条款是双方的真实意思表示，是合法有效的，依法对原、被告双方具有约束力。张某与李某签订的《离婚协议书》约定"位于潍坊市潍城区的房屋产权归儿子张某某所有"，李某应当按照《离婚协议书》的财产处理约定履行义务，将其享有的位于潍坊市潍城区的1%房屋产权份额过户给张某某。

法律依据

《最高人民法院关于适用〈中华人民共和国婚姻法〉若干问题的解释（二）》

第八条第一款 离婚协议中关于财产分割的条款或者当事人因离婚就财产分割达成的协议，对男女双方具有法律约束力。

案例二 离婚后就离婚协议中已达成的财产分割问题再行提起诉讼的情形，法院不予以支持

——张某某与王某某离婚后财产纠纷案

基本案情

张某某（女）与王某某（男）1997年12月确立恋爱关系，1999年10月1日在昌乐县民政局办理结婚登记，婚后生育有一女一子。2009年夏天，张某某用其父亲的收入交付了昌乐县景色苑1号楼2单元301室房屋的首付款，并于2009年10月3日与其父亲签署了《关于父母出资购房协议》，明确了房屋产权，该协议第5条约定，在该房产按揭未清偿完毕和办理房屋产权证之前，不得转让、买卖、变更，该协议有约定张某某与王某某及其子女均享有居住权。2015年11月5日，张某某与王某某签订离婚协议书，在昌乐县民政局协议离婚，离婚协议中约定"按揭置办不动产景色苑1号楼2单元301室

房屋住房一套归王某某所有”，后张某某认为张某某与王某某收入均有限，王某某未参与购置房屋的任何手续，也未履行任何出资义务，其与王某某离婚时签订的离婚协议对于房屋的处分侵犯了其父亲的合法权益，其擅自处分了其父亲出资的部分，所以房屋归王某某所有的协议应当是无效的。后张某某起诉至法院，请求判令撤销离婚协议中“按揭置办不动产景色苑1号楼2单元301室房屋住房一套归王某某所有”的财产分割协议。

案件焦点：离婚协议中已经分割过的财产是否可以重新进行分割。

裁判结果

法院判决驳回了原告张某某的诉讼请求。

案例评析

张某某与王某某婚姻关系存续期间以张某某的名义购置昌乐县景色苑1号楼2单元301室房屋一套，双方离婚时协议该房产归王某某所有，系双方对房屋的处分，张某某无证据证明双方在订立协议时存在欺诈胁迫的情形，故张某某请求撤销离婚协议中关于房产分配的诉讼请求，没有得到法院的支持。

法律依据

《最高人民法院关于适用〈中华人民共和国婚姻法〉若干问题的解释（二）》

第九条 男女双方协议离婚后一年内就财产分割问题反悔，请求变更或者撤销财产分割协议的，人民法院应当受理。

人民法院受理后，未发现订立财产分割协议时存在欺诈、胁迫等情形的，应当依法驳回当事人的诉讼请求。

案例三　离婚两年后发现仍有离婚时尚未分割的夫妻共同财产可以申请分割

——王某诉范某离婚后财产纠纷案

基本案情

王某与范某于2007年12月在丰台区民政局登记结婚，婚后育有一子。后两人因性格不合，于2013年4月协议离婚，协议中约定婚生子归王某抚养，范某每月支付孩子抚养费6000元，并依法分割了夫妻共同财产。2016年10月，在一次朋友聚会中，王某无意中得知范某在离婚时隐瞒了其一笔120万元的存款。后王某起诉至法院，要求分割该笔存款。

案件焦点：离婚两年后发现仍有离婚时尚未分割的夫妻共同财产是否可以申请分割。

裁判结果

法院判决范某支付王某60万元人民币。

案例评析

离婚时，夫妻应当协商分割共同财产。协商不成时，可以通过民事诉讼由人民法院判决分割。对于离婚时未分割的夫妻共同财产，任何一方都有权诉请进行分割，而不受两年的诉讼时效的限制，主要理由可以从以下三个方面来看：首先，夫妻共有财产制是典型的共同共有。我国物权法第九十九条规定："共有人约定不得分割共有的不动产或者动产，以维持共有关系的，应当按照约定，但共有人有重大理由需要分割的，可以请求分割；没有约定或者约定不明确的，按份共有人可以随时请求分割，共同共有人在共有的基础丧失或者有重大理由需要分割时可以请求分割。因分割对其他共有人造成损害的，应当给予赔偿。"可见，共有人分割请求权虽然名为请求权，实质是使他人负有与其协议分割的具体方法之义务。因此，分割共有物之请求权，实质是形成权，不应受诉讼时效的限制。其次，我国物权法中没有规定时效取得制度，因此，根据物权法定的原则，所有权不会单纯因为时间的经过发生改变，也就是说，夫妻共同财产如果在离婚时没有进行分割，不会因为时间的经过而改变性质，双方身份关系的解除，也不能使原本属于两人共有的财产变更为一人所有。再次，如果司法解释规定，离婚时未经分割的夫妻共同财产经过两年的诉讼时效就不能再进行分割，无疑会鼓励转移、隐藏夫妻共同财产的不诚信行为，实际占有或者控制夫妻共同财产的一方，只要能够藏过两年的诉讼时效期间，就可以取得该财产。这种结果与我国的主流价值观念是相悖的。

法律依据

《最高人民法院关于适用〈中华人民共和国婚姻法〉若干问题的解释(一)》

第三十一条 当事人依据婚姻法第四十七条的规定向人民法院提起诉讼，请求再次分割夫妻共同财产的诉讼时效为两年，从当事人发现之次日起计算。

案例四 离婚后财产纠纷中关于协议离婚后不履行离婚协议约定的义务，并转移已分割的共同财产，转移行为无效

——林某与孙某甲离婚后财产纠纷案

基本案情

林某与孙某甲原系夫妻关系，2010 年 5 月双方登记结婚，2016 年 2 月 14 日双方协议离婚，双方登记离婚时签订的离婚协议载明：大连市房产、家具、家电归女方所有，无债权债务；一女一子归男方抚养，无须女方承担生活费、医疗费、教育费。由于涉案房屋产权在孙某甲名下，所以双方离婚后林某多次催促孙某甲办理房屋过户手续，但孙某甲一直迟迟不配合办理，林某遂于 2016 年 3 月起诉至法院要求孙某甲协助办理房屋过户登记手续。在案件审理

期间孙某甲与其弟弟孙某乙签订了一份《大连市存量房买卖合同》，合同仅载明双方议商定的房屋转让价款为31万元，孙某甲于2016年5月19日前腾出房屋并通知第三人验收交付房屋，未就付款方式及付款期限进行约定，合同签订当日孙某甲即办理了房屋过户登记手续，并将大连市房屋的所有权变更到第三人孙某乙的名下。合同签订至今，第三人孙某乙并未实际向孙某甲履行过付款义务，而涉案房屋始终由林某居住使用。

案件焦点：孙某对房屋的转移行为是否有效。

裁判结果

法院经审理判决：一、确认孙某甲与第三人孙某乙之间签订的《大连市存量房买卖合同》无效；二、孙某甲、第三人孙某乙于判决生效后十日内协助林某将位于大连市的房屋过户至林某的名下。后孙某甲提起上诉，二审法院驳回上诉，维持原判。

案例评析

孙某甲与林某签订的离婚协议是双方当事人的真实意思表示，不违反法律的禁止性规定，离婚协议合法有效，双方应按协议履行相应义务，孙某甲应将涉案房屋交付给林某。而在案件审理过程中，孙某甲将诉争的房屋过户给其他人，损害了林某的合法权益，因此孙某甲与孙某乙签订的房屋买卖合同是无效的。

法律依据

《最高人民法院关于适用〈中华人民共和国婚姻法〉若干问题的解释（二）》

第八条第一款 离婚协议中关于财产分割的条款或者当事人因离婚就财产分割达成的协议，对男女双方具有法律约束力。

案例五 协议离婚后不履行离婚协议约定义务的，法院判决履行协议义务

——陈某与黄某离婚后财产纠纷案

基本案情

陈某与黄某于2013年7月结婚后共同生活在深圳市南山区，后因感情破裂，双方于2014年9月15日签订《离婚协议书》，约定双方共同居住的位于深圳市南山区的房屋归黄某所有，黄某向陈某支付9万元现金。《离婚协议书》签订后黄某于2014年9月15日向原告支付3.5万元现金，余款5.5万元黄某承诺陈某可以应陈某要求随时给付，并于2015年12月28日立下欠款字据。随后陈某多次要求黄某给付该笔欠款，黄某均以各种理由推诿，拒绝履行给付义务。后陈某起诉至法院，黄某辩称：《离婚协议书》上的字是我签的，但是我不认识字，不清楚内容；借条上的字是我签的，但是陈某在离婚前让我签的。

案件焦点：协议离婚后能否就离婚协议上的义务进行反悔。

裁判结果

经法院审理，判决被告黄某在判决生效后十日内支付原告陈某5.5万元。如被告未按照本判决指定的期间履行金钱给付义务，应当按照《中华人民共和国民事诉讼法》第二百五十三条之规定，加倍支付迟延履行期间的债务利息。

案例评析

依据《中华人民共和国婚姻法》第三十九条第一款规定：离婚时，夫妻的共同财产由双方协议处理；协议不成时，由人民法院根据财产的具体情况，照顾子女和女方权益的原则判决。可见，离婚时，对夫妻共同财产的处理能协议解决的应先按照当事人协议约定解决。在本案中原、被告双方均是完全

民事行为能力人，能够预知自己的行为后果，双方在婚姻登记管理机关登记离婚时，已经就财产分割问题进行了约定并签署了离婚协议，该协议是双方当事人的真实意思表示，内容没有违反法律或公共利益，所以应当按照离婚协议约定进行给付。

法律依据

《中华人民共和国婚姻法》

第三十九条 离婚时，夫妻的共同财产由双方协议处理；协议不成时，由人民法院根据财产的具体情况，照顾子女和女方权益的原则判决。

夫或妻在家庭土地承包经营中享有的权益等，应当依法予以保护。

案例六 离婚时没有提出损害赔偿的，离婚后一年内可以要求对方支付

——赵某诉宋某离婚后财产纠纷案

基本案情

宋某与赵某于1996年登记结婚，并于1998年5月育有一女。2010年4月28日，赵某回家后发现宋某与其女下属兰某出轨，赵某十分生气，当即离家出走。宋某为挽回婚姻，找到赵某并向赵某写下保证书，承诺今后绝不再犯，赵某考虑到孩子决定原谅宋某。但事情没过多久赵某又再次发现宋某的出轨行为，赵某彻底绝望，并与宋某开始了分居生活。但考虑到给孩子一个完整的家，赵某一直没有与宋某办理离婚手续。直至孩子成年后，赵某与宋某正式办理了离婚手续，并依法分割了夫妻共同财产。离婚后三个月，赵某在街上无意中看见宋某与兰某走在一起，打听后才得知原来二人分居后宋某就一直与兰某一起生活，并以夫妻名义自居。赵某一气之下将宋某起诉至法院，要求宋某赔偿其精神损失费10万元。

案件焦点：离婚时没有提出损害赔偿的，离婚后是否可以再次起诉主张诉求。

裁判结果

法院判决宋某支付赵某5万元人民币作为精神损害赔偿。

案例评析

当事人在婚姻登记机关办理离婚登记手续后，以婚姻法第四十六条规定由向人民法院提出损害赔偿请求的，人民法院应当受理。但当事人在协议离婚时已经明确表示放弃该项请求，或者在办理离婚登记手续后一年后提出的，不予支持。

法律依据

《中华人民共和国婚姻法》

第四十六条 有下列情形之一，导致离婚的，无过错方有权请求损害赔偿：

（一）重婚的；

（二）有配偶者与他人同居的；

（三）实施家庭暴力的；

（四）虐待、遗弃家庭成员的。

案例七 协议离婚后一方起诉请求对协议中已分割的房产进行确权的，以协议内容为准

——许某甲与王某某离婚后财产纠纷案

基本案情

许某甲与王某某曾系夫妻关系，2010年8月10日双方到济南市民政局办理了离婚手续，离婚协议书中约定：一、女儿许某乙，生于2006年11月25日，抚养权归许某甲，王某某不承担抚养费；二、全部财产归许某甲所有，全部债务由许某甲偿还。2015年10月12日许某甲要求王某某协助其办理房

产证中的共有人更名手续，王某某拒不协助，故许某甲于2015年11月9日诉至法院，要求王某某协助其办理房产证中共有人的更名手续，同时许某甲要求房屋归其所有。王某某口头辩称，当时双方到民政局离婚时因为财产不能过户给孩子，所以在办理离婚手续时将财产写的归许某甲所有，但实际上约定的是我的那部分财产给女儿许某乙，因此女儿许某乙对争议房屋有50%的所有权。

案件焦点：口头承诺与离婚协议书不一致时以离婚协议内容为准。

裁判结果

判决被告王某某协助原告许某甲办理过户登记手续。

案例评析

许某甲与王某某于2010年8月10日办理了离婚手续，离婚时双方持有的离婚协议书不仅出于双方的真实意思表示，而且该协议书已在济南市民政局备案，所以对于该离婚协议书的合法性法院应予认可。并且该协议书已对财产作出分配，故对许某甲针对涉案房屋的请求法院不应另行作出裁决，而王某某也应当按照协议约定协助许某甲办理过户登记手续。庭审中，王某某称自己应得房屋的份额归子女所有，并未提供相关证据，故法院不予支持。

法律依据

《最高人民法院关于适用〈中华人民共和国婚姻法〉若干问题的解释（二）》

第八条第一款 离婚协议中关于财产分割的条款或者当事人因离婚就财产分割达成的协议，对男女双方具有法律约束力。

案例八　关于离婚协议中取得房屋所有权的认定，应以满足协议预设条件为前提

——李某某与祁某某离婚后财产纠纷案

基本案情

李某某（男）与祁某某（女）原系夫妻关系。2004年10月15日，双方在深圳市南山区民政局办理离婚手续，同日签订的《离婚协议书》约定："深圳市南山区海街×号大院28栋304房屋双方估价10万元。房屋归李某某所有，李某某支付祁某某5万元。"之后，李某某未按期履行，而涉案房屋由祁某某一直使用至今。李某某称该房屋是房改房，产权登记人是自己，有离婚证、协议书、房屋产权证等证据证实。后李某某向法院起诉，请求法院判令：1. 祁某某腾出涉案房屋交还李某某居住使用；2. 祁某某从起诉之日起至实际交还房屋之日止以每月1500元的租金标准向李某某支付涉案房屋使用金。

案件焦点： 预设条件不满足的情况下如何处理离婚财产。

裁判结果

法院认为：共同共有人对不动产享有共同的所有权，共同享有占有、使用的权利。涉案房屋系李某某与祁某某夫妻存续期间的共同财产，虽然在离婚协议中约定了分割方式，但由于双方未约定履行期限，并且双方均按协议履行，致该房屋一直处于未分割的状态，故祁某某仍系该房屋的共有人，与李某某共同享有占有、使用的权利。李某某就此提出要求祁某某返还房屋、支付使用费的诉讼请求尚缺乏法律规定，不予支持。该案涉房屋产权的争议属于离婚后财产纠纷，双方均可另案提起诉讼解决纠纷，故驳回了李某某的诉讼请求。

案例评析

首先，涉案房屋系李某某与祁某某夫妻存续期间的共同财产。其次，李某某与祁某某于2004年10月15日签订的离婚协议约定：深圳市南山区房屋估价为10万元。房屋由男方拥有，则付女方5万元的补偿。虽然双方对涉案房屋分割进行了约定，但是李某某因自身原因并未进一步履行协议内容即支付女方5万元，故李某某所主张拥有全部产权的条件并未成就，而祁某某基于共有权居住涉案房屋并无不妥。

法律依据

《中华人民共和国民事诉讼法》

第一百七十条 第二审人民法院对上诉案件，经过审理，按照下列情形，分别处理：

（一）原判决、裁定认定事实清楚，适用法律正确的，以判决、裁定方式驳回上诉，维持原判决、裁定；

（二）原判决、裁定认定事实错误或者适用法律错误的，以判决、裁定方式依法改判、撤销或者变更；

（三）原判决认定基本事实不清的，裁定撤销原判决，发回原审人民法院重审，或者查清事实后改判；

（四）原判决遗漏当事人或者违法缺席判决等严重违反法定程序的，裁定撤销原判决，发回原审人民法院重审。

原审人民法院对发回重审的案件作出判决后，当事人提起上诉的，第二审人民法院不得再次发回重审。

《最高人民法院关于适用〈中华人民共和国婚姻法〉若干问题的解释（二）》

第八条第一款 离婚协议中关于财产分割的条款或者当事人因离婚就财产分割达成的协议，对男女双方具有法律约束力。

案例九　离婚后财产纠纷中关于先后签订两份离婚协议书时，以最后签订的协议为准

——张某与孟某离婚后财产纠纷案

基本案情

张某与孟某原系夫妻。2010年6月12日，双方在诸城市民政局婚姻登记处协议离婚，并签订了《离婚协议书》一份，协议第二条约定：夫妻双方现位于诸城市南关区的房屋、汽车归女方所有，各自的生活用品归各自所有。第四条约定：离婚后，男方每年支付女方人民币叁万元整，每年12月31日前付清，共支付五年从2010年6月12日起至2015年6月12日止。双方在登记离婚后，原告又亲笔书写了一份《离婚后协议书》，原、被告在上面签字按印。该协议第四条约定：女方不得向男方乱发脾气或隐瞒真实情况，男方可在当地人民法院起诉，应承担法律责任。双方各自名下财产平均分配；第五条约定：财产由女方保管，以后双方谁有想法离开，财产平分。后来，张某与孟某对两份协议的效力发生争执，孟某认为应以《离婚后协议书》效力为准，男女双方的房产和汽车属于夫妻共同财产应当平均分配，张某认为《离婚协议书》已经对房产和汽车的归属做出了约定，协议明确写明房屋和汽车归女方所有，至此女方起诉到法院，诉请法院确认自己对房屋和汽车的所有权。

案件焦点：存在两份以上的离婚协议时，以时间靠后的为准。

裁判结果

一审法院经审理判决：被告孟某支付原告张某2010年6月12日至2011年6月12日的3万元，驳回张某的其他诉讼请求。后张某不服提起上诉，二审维持原判。

案例评析

《离婚后协议书》经双方签字捺手印确认，内容不违反法律法规的禁止性规定，系双方真实意思的表示，对双方当事人均具有法律约束力。《离婚后协议书》虽未署明具体的签订日期，但比较两份协议书的名称及依据日常经验法则分析，《离婚后协议书》应形成于《离婚协议书》之后，由此，两份协议书中的内容若相互抵触，则应以时间较后的协议为准，先后有冲突的部分应视为双方对财产重新进行了分割，即讼争房屋与车辆为双方平均分配。现张某主张归其所有，缺乏事实和法律规定，故不予支持。

法律依据

《最高人民法院关于适用〈中华人民共和国婚姻法〉若干问题的解释（二）》

第八条第一款 离婚协议中关于财产分割的条款或者当事人因离婚就财产分割达成的协议，对男女双方具有法律约束力。

案例十 离婚后财产纠纷中关于离婚不离家时，若无再婚证明，则应认定双方无婚姻关系

——李某与王某离婚后财产纠纷案

基本案情

1997年李某（男）与王某（女）登记结婚，双方均系再婚。2003年6月23日双方协商办理了离婚手续。李某称，离婚后自己购买了坐落于宣化区恒基花园A区2号楼4单元502室房屋一套。2006年7月24日双方办理了复婚登记。李某称双方购买了一辆中华尊驰轿车，该车一直由王某开着。后李某因琐事与王某发生争吵，双方遂协议离婚，但王某不去婚姻登记机关办理手续。此后，王某离家出走，现下落不明。李某起诉至法院要求与王某离婚，

并诉请法院对夫妻共同财产做出分割。一审法院准予李某与王某离婚，李某婚前的个人财产即坐落于宣化区恒基花园A区2号楼4单元502室房屋归李某所有，李某名下的中华尊驰轿车一辆归王某所有。后王某申请再审，称：其与李某虽然于2003年6月协议离婚，但离婚不离家，其从2002年至2005年一直在宣化区顺城街租住房屋生活，2003年也是其与李某共同购买了本案诉争的房屋。王某认为其与李某同居期间购买的房屋也是其出资购买，应该属于夫妻共同财产。

案件焦点：“离婚不离家”时财产是否可作为夫妻共同财产进行分配。

裁判结果

再审法院经过审理，维持一审判决，即准予李某与王某离婚，李某婚前的个人财产即坐落于宣化区恒基花园A区2号楼4单元502室房屋归李某所有，李某名下的中华尊驰轿车一辆归王某所有。

案例评析

当事人对自己提出的诉讼请求所依据的事实或者反驳对方诉讼请求所依据的事实有责任提供证据加以证明。王某在再审中主张其与李某离婚不离家，诉争房屋系由其出资购买，但王某并未提供事实依据，所以应当按照原审判决予以认定。

法律依据

《最高人民法院关于民事诉讼证据的若干规定》

第二条第二款 没有证据或者证据不足以证明当事人的事实主张的，由负有举证责任的当事人承担不利后果。

第四章 探望权纠纷

导读

作为一个处于社会转型时期的国家，人们的思想随着经济发展而日新月异。随着经济、社会的不断发展，工业化、城镇化的不断推进，人们对于婚姻、亲情的观念也无时无刻不在变化之中。我国的离婚率近年来居高不下，而离婚诉讼案件中所涉及的探望权问题也变得越来越复杂。婚姻法中探望权的设立保障了离婚后不与子女共同生活的一方与子女会见、交流的权利，随着越来越多的人对探望权的了解，更多离婚父母开始注重自己探望权的实现，进而引发的探望权纠纷也日益增加。

探望权纠纷当事人双方因曾经存在较特殊的关系，所以矛盾中常掺杂着个人情感冲突，法院在处理这类纠纷时显得更加棘手。设立探望权的主要目的不仅是满足离婚父母和子女继续交往的意愿，更是为了减轻未成年子女因家庭破碎而受到的伤害。父母离婚已给子女带来了不小的伤害，为了保护离异家庭中子女的利益，维护离婚后双方家庭的和谐稳定，我们应该通过建立离婚后合适的继续交往模式来安抚子女受伤的心灵，而且在子女成长过程中父或母扮演的角色不同，对子女身心发育产生的作用也不同，如果和子女直接生活一方断然拒绝另一方探望子女，不仅侵害了对方的探望权，也不利于子女成长发育过程中的身心健康。

案例一 夫妻一方死亡，子女与另一方生活的，死亡一方父母要求探望（外）孙子女，法院应支持

——许某、李某诉倪某探望权纠纷案

基本案情

许某某（男）与倪某（女）于2012年相识相恋，后举行婚礼共同生活。2013年，许某某身亡。许某某死亡时，倪某已怀孕一个多月，倪某自许某某身故后即回娘家居住。2013年，倪某产下一子，取名倪某某。原告许某、李某系许某某的父母，在倪某某出生后多次要求探望孙子，在第三次探望孙子时与倪某发生口角，事后经当地妇联协调，双方矛盾有所缓解。2014年8月下旬，许某、李某以近日将外出为由，要求提前探望孙子，被倪某以当月已探望为由拒绝，双方为此又发生口角并伴有肢体冲突，矛盾再次升级，经当地派出所、妇联再次协调未果。此后许某、李某遂诉至法院，要求判令：1. 其夫妇有权对孙子每月探望三次。2. 倪某在其夫妇行使探望孙子的权利时应履行协助义务。倪某答辩称：1. 公婆将丈夫的突然离世无端归咎于女方，给女方造成了二次伤害，因此也经常发生口角，探望次数过多不利于孩子的成长。2. 许某、李某每次探望孩子总以自身便利为原则，不考虑实际情况，不合理安排时间并由此发生肢体冲突，许某、李某的言行给其及家人造成严重的不安。

案件焦点：许某某死亡之后，其父母亲许某、李某想探望自己的孙子，能否获得支持。

裁判结果

法院经审查后判令：一、自判决发生法律效力之日的次月起至倪某某十周岁时止，许某、李某可每月探望倪某某一次，倪某负有协助配合义务。具体探望方式为：每次的探望时间以六小时为限；探望地点除许某、李某与倪

某商定的地点外，以倪某经常居住地或由倪某指定的地点为宜。二、驳回许某、李某的其他诉讼请求。

案例评析

根据婚姻法第三十八条第一款规定："离婚后，不直接抚养子女的父或母，有探望子女的权利，另一方有协助的义务"，法律虽然规定探望权只能由未直接抚养子女的父亲或母亲行使。虽没有许某某父母有探望权的法律规定，但现行的婚姻法、民法通则及其相关法律法规，对父母离婚后，祖父母或外祖父母对孙子女或外孙子女是否享有探望权都没有明确的禁止性规定。根据法无禁止即可为之原则，既然法律对隔辈探望无具体规定，基于中华民族的传统美德和公序良俗，许某某的父母要求探望孙子的请求应予以支持。

首先，成年近亲属的精神关怀和物质支持对未成年人人格健全、身心成长有着积极意义，符合未成年人保护法的保护原则，因此，代替已经死亡的父亲对孙子女进行探望，有利于孩子的身心成长，亦是保护未成年人权利的应有之义。

其次，根据老年人权益保障法的规定，为更好地维护老年人合法权益，探望孙辈是失独老人获得精神慰藉的重要途径之一。既然继承法赋予孙子女、外孙子女，有代为继承的权利，同理，失独老年人代替死亡子女行使探望权于法于理并不相悖，亦是对失独老年人的特殊保护和关心。

最后，允许失独老人隔代探望，有利于促进社会和谐和共同履行监护职责，与公序良俗、社会公德等社会理念相符，是对中华民族传统美德的继承和发扬。因此在不影响监护人履行法定监护职责的前提下，应当支持祖父母、外祖父母对孙辈的合理探望。

法律依据

《中华人民共和国老年人权益保障法》

第十三条　老年人养老以居家为基础，家庭成员应当尊重、关心和照料老年人。

《中华人民共和国婚姻法》

第二十八条 有负担能力的祖父母、外祖父母，对于父母已经死亡或父母无力抚养的未成年的孙子女、外孙子女，有抚养的义务。有负担能力的孙子女、外孙子女，对于子女已经死亡或子女无力赡养的祖父母、外祖父母，有赡养的义务。

案例二 不直接抚养子女的一方，有探望子女的权利，不受子女是否婚生影响

——王某与柴某解除关系纠纷案

基本案情

王某（男）与柴某（女）经人介绍相识，后于2012年按照农村习俗举行结婚典礼共同生活，2013年生育女儿王某某，后双方经诉讼解除同居关系，非婚生女王某某随柴某生活。待其成年后随父随母由其自由选择。2015年王某因探望权纠纷将柴某诉至法院起诉。

案件焦点：王某某为王某与柴某非婚生女，双方解除同居关系后王某是否享有同婚生子女一样的探望权。

裁判结果

法院裁判认为，双方的非婚生女王某某与柴某共同生活，王某作为父亲，有权探望其子女。法院本着既要考虑不影响子女的正常生活，又要增加女儿同父亲的沟通交流、减轻子女因父母解除同居关系而带来的家庭破碎感以及既有利于子女今后身心健康成长，又能维护原告合法权利的原则，依照婚姻法的相关规定，判决如下：王某自判决生效之日起，可于每月第一周周日上午9时至下午5时探望女儿王某某一次，柴某应予以协助。

案例评析

探望权是基于父母子女身份关系不直接抚养方享有的与未成年子女探望、联系、会面、交往、短期共同生活的法定权利。我国婚姻法对探望权的规定比较原则，对于实践中的实施并没有具体的细化。在处理此类案件中，法院在确定探望的时间和方式上，应从有利于子女的身心健康、且不影响子女的正常生活和学习的角度考虑，探望的方式亦应灵活多样，简便易行，具有可操作性，便于当事人行使权利和法院的有效执行。

法律依据

《中华人民共和国婚姻法》

第三十八条 离婚后，不直接抚养子女的父或母，有探望子女的权利，另一方有协助的义务。

行使探望权利的方式、时间由当事人协议；协议不成时，由人民法院判决。

父或母探望子女，不利于子女身心健康的，由人民法院依法中止探望的权利；中止的事由消失后，应当恢复探望的权利。

案例三 离婚后，尽了抚养义务的继父母，有探望继子女的权利

——郑某诉李某探望权纠纷案

基本案情

李某与张某于2008年离婚，婚生子与李某共同生活。同年5月，李某结识郑某，多次接触后，于年底登记结婚。婚后，郑某与李某未生育子女。由于长期两地分居，夫妻感情出现裂痕，2015年9月，两人在民政局协议离婚，双方协议李某与其子共同生活，郑某不负担孩子的抚养费。离婚初期，郑某每次回去看孩子，李某未反对。后来，不知什么原因，郑某再去看孩子，李

某就以种种理由阻挠，拒绝他探望孩子，双方为此还发生过抓扯。日前，郑某将李某起诉至法院，要求每月探望孩子两次。李某辩称，孩子并不是郑某亲生的，郑某与孩子没有血缘关系。且离婚后，李某没有要求郑某负担孩子的抚养费，李某和孩子与郑某之间的夫妻及父子关系已经了断，因而郑某无权再探望孩子。

案件焦点：郑某与李某为二婚，孩子为李某与前夫的孩子，郑某与孩子形成法律上的父子关系后对其进行抚养，离婚后郑某主张探望权能否获得支持。

裁判结果

法院根据婚姻法第三十八条之规定，判决原告郑某有权于每月第二个星期六和最后一个星期六探望孩子，李某有义务予以协助。

案例评析

根据法律规定，离婚后不直接抚养子女，不能与子女共同生活的一方，享有对其抚养的未成年子女定期探望、联系交往、短期共同生活的权利。这里的探望权人既包括亲生父母、养父母，也包括尽了抚养义务的继父母。本案原告郑某主张探望的子女虽然不是自己的亲生子女，但郑某对孩子尽了7年的抚养义务，双方之间形成了抚养关系。根据权利义务相一致的原则，郑某当然享有对自己抚养的继子女的探望权。

法律依据

《中华人民共和国婚姻法》

第三十八条第一款至第二款　离婚后，不直接抚养子女的父或母，有探望子女的权利，另一方有协助的义务。

行使探望权利的方式、时间由当事人协议；协议不成时，由人民法院判决。

案例四 禁止一方探望子女的离婚条款，违反法律规定，不产生法律效力

——高某诉李某行使探望权纠纷案

基本案情

高某（男）与李某（女）系夫妻，婚后生育一女。夫妻二人因感情不和于2009年协议离婚。离婚协议约定："婚生女儿由李某抚养，不收高某的抚养费，但是高某不得进行探视，违约由法律裁定。"但随后，高某并未遵照此协议行事，而是向西青区法院提起诉讼，请求判决其可探视自己的女儿。法院受理此案后，经开庭审理判决，双方签订的离婚协议关于高某不得探望孩子的条款，和法律相抵触，对此法院不予支持。在判决书生效后，每个月的第二和第三个星期日的上午9时至11时，李某带孩子到居委会，让高某探视孩子。

案件焦点：高某与李某在离婚时协议约定高某不得探望孩子，该项约定违反了婚姻法的规定，侵犯了高某的探视权。

裁判结果

法院受理此案后，经开庭审理判决，双方签订的离婚协议关于高某不得探望孩子的条款，和法律相抵触，对此法院不予支持。遂判决，每个月的第二和第三个星期日的上午9时至11时，李某带孩子到居委会，让高某探视孩子。

案例评析

高某作为孩子的父亲，其对孩子享有探望的权利，系法律的强制性规定，不仅有利于维护父母与子女的血缘关系，更有利于维护子女的身心健康。被告李某作为孩子的抚养人，具有配合的义务。民事主体之间作出的关于探望

权的约定不得与法律的强制性规定相抵触，否则视为无效。本案中，原告高某与被告李某签署的离婚协议中的约定违反了法律的强制性规定，应当认定为无效。

探望权是一项法定权，是法律赋予不直接抚养子女一方父母的权利，其目的是保障子女身心的健康发展，但现实生活中不直接抚养子女的一方父母在行使探望权时，其权利往往容易受到侵害，原因大多复杂。离婚后，无论从情感角度还是权利义务角度出发，都应当保护子女的身心健康，避免家庭破碎后又无法见到父或母而给其带来更大的心灵创伤。

法律依据

《中华人民共和国婚姻法》

第三十八条第一款至第二款 离婚后，不直接抚养子女的父或母，有探望子女的权利，另一方有协助的义务。

行使探望权利的方式、时间由当事人协议；协议不成时，由人民法院判决。

案例五 探望权的行使不能影响未成年人的正常生活和学习

——张某诉李某行使探望权纠纷案

基本案情

李某和张某于2013年1月20日结婚，2014年5月10日生育婚生女张某某，2015年二人因感情破裂经法院审理判决离婚，婚生女张某某由李某抚养。由于离婚前双方对于婚生女张某某的抚养权争议很大，导致双方矛盾激化。张某认为在离婚之前自己的家人对女儿张某某的感情非常深厚，离婚后要求每周多次探望女儿，李某以孩子太小为由只允许张某每周探望一次。张某对此非常不满，起诉至法院，要求每周探望女儿两次，周六日女儿随张某及其家人居住。李某则认为孩子太小，生活习惯等不适宜探视太多，建议一周最多见一次。

案件焦点：李某与张某离婚后，张某要求探望孩子的频率过高，探望的次数与方式协商不成，导致矛盾激化。

裁判结果

关于探视次数和时间，法院认为张某某尚年幼，探视次数不宜过多。为了张某某有一个相对稳定的生活环境，以利于其身心健康，故对张某要求每周探望女儿两次，周六日随其家人居住的诉讼请求，法院不予支持，判决张某于每周六早上九点，从李某住处将张某某自行接走，并于当日十八时前送回李某住处，李某负有协助义务。

案例评析

近年来，这种纠纷时常发生，有的未与子女共同居住的父或母，频繁看望子女，影响到对方及子女的正常生活。这些情况使离婚父母之间发生纠纷，影响未成年子女的身心健康成长。根据法律的规定，可以采取多种形式的探望方式。父母应本着有利于子女成长的原则，结合探望人的实际情况，确定探望的内容。本案中，张某某尚年幼，张某要求探望的频率过高，不利于张某的健康成长，李某有权拒绝。

法律依据

《中华人民共和国婚姻法》

第三十八条第一款至第二款 离婚后，不直接抚养子女的父或母，有探望子女的权利，另一方有协助的义务。

行使探望权利的方式、时间由当事人协议；协议不成时，由人民法院判决。

案例六 探望权的行使方式可以随着未成年子女的成长需求而改变

——王某诉张某行使探望权纠纷案

基本案情

王某（女）与张某（男）原系夫妻关系，2007 年双方经法院调解离婚，约定婚生女张某某由张某抚养。后双方就探视问题发生矛盾，王某于 2008 年起诉至法院，鉴于张某某当时年幼且在外地生活，法院判令王某可每月前往张某某住所探视张某某一次。离婚以后，王某和张某分别再婚重新组建了家庭。后来张某某回北京上学，随着女儿越来越大，王某认为探望方式应发生变化，希望每周末到张某某的住处住一天；寒暑假可以与张某轮流抚养，其可以带张某某出去旅游，开阔视野。张某则表示王某每月可到张某某的居住地附近探望两次，每次半小时，但需要提前约，探望尽量在周末，其会在孩子完成学习任务的情况下安排；同时，张某认为张某某每周末都要上辅导课，从有利于孩子的角度出发，探望不能影响到孩子的课程安排。王某不服将张某诉至法院。

案件焦点：随着时间的推移，孩子越来越大，王某认为以前的探望方式已经不符合现实的需求，探望方式是否应当变更。

裁判结果

张某某虽由张某抚养，但王某仍享有探望子女的权利，故王某要求探望张某某理由正当，法院予以支持，张某应协助王某探望张某某。但王某探望孩子的方式，应以有利于孩子的身心健康及正常生活学习为原则。一审法院认为鉴于张某某现在课业负担较重，故王某要求每周探望一次的频率偏高，结合张某某的学习安排，王某要求将孩子接走的探视方式亦不具备现实条件，法院不予支持。现张某某已回北京学习生活，2008 年判决的条件已发生变化，每月探望一次的频率无法满足女儿与母亲的感情交流，故法院结合具体案情及张某某的生活情况对探望时间予以变更。判决王某每月可前往张某某的居住地探望两次，每次探望不少于一小时且不超过三小时；张某予以必要协助，并可在场陪同。

王某不服提出上诉，二审法院经过审理认为，王某上诉要求每年长假期与张某某连续共同生活三天，既利于母女的情感交流和张某某的健康成长，又不影响现阶段的学习和生活，改判每月探望两次之外，增加每年春节和国庆节，王某可以接走张某某连续共同生活三天。

案例评析

探望权的法律规定，一方面保证不直接抚养子女的一方父或母能够定期与子女团聚，有利于弥合因家庭解体对父母子女造成的感情伤害，另一方面也有助于保护未成年子女的身心健康和成长进步。父母离婚后再婚重新组建家庭，各自开始新的生活，对于孩子的身心发展具有多方面的影响。父母与子女间的关系，不因父母离婚而消除。父母离婚后，子女无论由父或母直接抚养，仍是父母双方的子女。父母再婚亦不影响对前段婚姻的婚生子女进行探望。离婚后不直接与子女共同生活的父或母，通过进行定期探望，与子女交流，从而达到积极影响子女的效果。诚然，探望权的行使不能影响双方各自的正常生活。所以，探望权的形式应当随着子女成长需求的变化而适当进行调整，以满足子女与父母进行情感交流。

法律依据

《中华人民共和国婚姻法》

第三十八条第一款至第二款 离婚后，不直接抚养子女的父或母，有探望子女的权利，另一方有协助的义务。

行使探望权利的方式、时间由当事人协议；协议不成时，由人民法院判决。

案例七　探望权的行使依赖于前夫妻双方及孩子的配合

——王某诉张某行使探望权纠纷案

基本案情

张某（男）与王某（女）原系夫妻，后经法院调解离婚。调解书确定婚生子女由张某独自抚养成人，调解书还确定："经孩子同意，寒暑假以及其他的法定节假日孩子可随母亲生活居住"，后张某不再让王某见孩子，王某向法院申请强制执行。

案件焦点：离婚调解书中约定的探望时间为寒暑假及法定节假日，而王某在非该段时间内向法院申请强制执行能否得到支持。

裁判结果

调解书中约定的内容为"经孩子同意寒暑假以及其他的法定节假日孩子可随母亲生活居住"，法院认为：一、寒暑假已经结束，执行实际上没有意义；二、调解书中约定的内容证明不了孩子愿意寒暑假随母亲共同生活。法院对其申请不予受理。

案例评析

对于探望权是否适宜强制执行，存在着不同的观点，但是大多数的学者及律师认为探望权不适宜强制执行，法院应当直接裁定不予受理，也不必重审或重新起诉。因为探望权是一项法定的权利，探望权不是产生于离异父母之间的协议，也不需要法院判决确认，只要抚养权经确认，非直接抚养一方的探望权也就同时成立。

探望权是和抚养权相对的，探望权的有效行使，有赖于对方的配合。所以即使离婚了，双方在孩子的问题上也应该保持必要的沟通，合理有效地探望，会使孩子一定程度上感受到家庭的温暖。

法律依据

《中华人民共和国婚姻法》

第三十八条第一款至第二款 离婚后，不直接抚养子女的父或母，有探望子女的权利，另一方有协助的义务。

行使探望权的方式、时间由当事人协议，协议不成的，由人民法院判决。

《最高人民法院关于适用〈中华人民共和国婚姻法〉若干问题的解释(一)》

第三十二条 婚姻法第四十八条关于对拒不执行有关探望子女等判决和裁定的，由人民法院依法强制执行的规定，是指对拒不履行协助另一方行使探望权的有关个人和单位采取拘留、罚款等强制措施，不能对子女的人身、探望行为进行强制执行。

案例八 探望的权利不应以先行给付抚养费等理由加以阻挠

——汤某诉任某行使探望权纠纷案

基本案情

汤某与任某于2014年12月1日离婚，2011年12月1日生育一女任某某，离婚后归任某抚养，汤某每月支付抚养费1000元，现汤某以任某不让其看孩子为由，于2015年3月11日向法院起诉。原审法院判决汤某每周探视婚生女任某某一次，每次的探视时间限于每周五17时至次日17时前将孩子送回。任某遂提出必须按时给付抚养费才能探望的上诉理由。

案件焦点：汤某是否支付抚养费与行使探望权是否有冲突。

裁判结果

二审法院经审理认为抚养费已经生效，认为当事人请求与本案并非同一法律关系，不予受理。判决驳回上诉，维持原判。

案例评析

我国婚姻法规定父或母探望子女，不利于子女身心健康的，由人民法院依法中止探望的权利；中止的事由消失后，应当恢复探望的权利。离婚后不直接抚养孩子的一方有探望孩子的法定权利，另一方不应以先行给付抚养费等理由加以干涉、阻挠。离婚后的双方应本着有利于孩子身心健康的原则，对子女探望、教育等事项进行协商解决，为孩子营造和谐的成长环境，本案中不支付抚养费，不是中止探望权的理由。

法律依据

《中华人民共和国婚姻法》

第三十八条 离婚后，不直接抚养子女的父或母，有探望子女的权利，另一方有协助的义务。

行使探望权利的方式、时间由当事人协议；协议不成时，由人民法院判决。

父或母探望子女，不利于子女身心健康的，由人民法院依法中止探望的权利；中止的事由消失后，应当恢复探望的权利。

第五章　子女抚养权纠纷

导读

少年智则国智，少年强则国强。孩子不仅是父母血脉的延续，更是民族和社会的未来。近年来，离婚在我国已成为高发现象，由离婚纠纷衍生的各类涉及未成年子女的亲权纠纷也日益增多，其中抚养权纠纷占较大的比重。抚养权纠纷的处理与未成年子女的生活和未来息息相关。

对于此类案件中的未成年子女而言，父母离婚已为既成事实，如果抚养权纠纷处理不当很可能对其造成二次伤害，影响未成年子女的正常生活和健康成长。且抚养权纠纷与未成年子女的成长、生活、学习条件、环境营造等切身利益息息相关，因此抚养权纠纷案件日益引起了社会各界的重视和热议。

在法院审判中未成年子女抚养问题难以裁决，需要考虑法律、经济、伦理、情感等多种因素。在父母离婚后，未成年子女的抚养问题能否得到妥善处理，对未成年子女的成长有着重要的影响。因此，保障父母离婚后的未成年子女的合法权益，不能单靠法律对未成年子女抚养问题做出明确而具体的规定，更应从司法审判行为、诉讼行为及其相互之间的关系视角入手，研究如何能够更加妥善地解决抚养权纠纷。

案例一　抚养权既是权利，更是义务；可取得，也能失去

——张某与吕某子女抚养权纠纷案

基本案情

张某与吕某原系夫妻关系，2010 年 5 月 5 日，张某与吕某办理了离婚登记，离婚协议约定婚生长女由母亲吕某抚养，但女儿一直与父亲张某共同生活，张某多次要求吕某接走女儿，吕某均置之不理。后张某诉至法院，要求变更女儿由自己抚养，由吕某每年给付 2 万元抚养费。

案件焦点：吕某在离婚时获得了孩子的抚养权，却未履行抚养义务，是否依然能够享有抚养权。

裁判结果

经法院审理，判决双方婚生长女由张某抚养，吕某从 2015 年开始，于每年 12 月 30 日前一次性给付下一年度抚养费 1.8 万元。

案例评析

双方因感情破裂解除婚姻关系，婚生女未成年，因此，解除婚姻关系的同时应确定女儿的抚养权归属。

确定子女抚养权应从有利于子女身心健康，保证子女成长教育的角度考虑，本案中，女儿的抚养权虽然由协议确定在吕某名下，但女儿一直随原告张某共同生活，实际由原告张某抚养，因此原告请求变更子女抚养权，得到了法院的支持。

抚养权是权利，更是义务。取得抚养权的一方，如果对子女不尽心尽力抚养，或者不具备抚养能力，就可能丧失抚养权。

法律依据

《中华人民共和国婚姻法》

第三十六条第二款 离婚后，父母对于子女仍有抚养和教育的权利和义务。

第三十七条第一款 离婚后，一方抚养的子女，另一方应负担必要的生活费和教育费的一部或全部，负担费用的多少和期限的长短，由双方协议；协议不成时，由人民法院判决。

案例二 同居所生子女和婚生子女享有同等的权利

——冯某与田某子女抚养权纠纷案

基本案情

冯某（男）与田某（女）于2007年经媒人介绍相识，后同居生活，2008年12月29日长子出生，双方一直没有办理结婚登记手续。

后双方因故产生矛盾，冯某一直催促田某结婚，但田某始终推三阻四，同居期间田某多次回云南娘家，并于2016年离家出走一直未归。

为此，冯某提起诉讼，请求判令解除同居关系，儿子的抚养权归自己，双方共同承担孩子的抚养费。

案件焦点：冯某与田某未办理结婚登记手续，属于非法同居关系，不受法律保护，但是其二人共同育有一子，非婚生子与婚生子是否享有同等的权利。

裁判结果

经法院审理，判决冯某与田某共同生活期间所生儿子由冯某抚养，抚养费自行负担，田某有探视孩子的权利。

案例评析

非婚生子女享有与婚生子女同等的权利，任何人不得加以危害和歧视。

我国实行法定婚姻登记制度，未经登记的同居关系不受法律保护，但同居期间的财产分割或者子女抚养问题属于法院受理范围。本案原、被告因同居生活期间生育一子，现原告以同居关系抚养纠纷提起诉讼，法院应当受理。

法律依据

《中华人民共和国婚姻法》

第二十五条 非婚生子女享有与婚生子女同等的权利，任何人不得加以危害和歧视。

不直接抚养非婚生子女的生父或生母，应当负担子女的生活费和教育费，直到子女能独立生活为止。

第三十八条第一款至第二款 离婚后，不直接抚养子女的父或母，有探望子女的权利，另一方有协助的义务。

行使探望权利的方式、时间由当事人协议；协议不成时，由人民法院判决。

《最高人民法院关于适用〈中华人民共和国婚姻法〉若干问题的解释(二)》

第一条 当事人起诉请求解除同居关系的，人民法院不予受理。但当事人请求解除的同居关系，属于婚姻法第三条、第三十二条、第四十六条规定的“有配偶者与他人同居”的，人民法院应当受理并依法予以解除。

当事人因同居期间财产分割或者子女抚养纠纷提起诉讼的，人民法院应当受理。

案例三 和子女较长时间共同生活的一方，争取抚养权有优势

——刘某与宝某子女抚养权纠纷案

基本案情

刘某（女）与宝某（男）于2004年经登记离婚，后两人和好，但未办理复婚登记，双方于2007年生育一女，现年9岁。

近年刘某与宝某常因琐事发生口角、打架，导致两人感情破裂，刘某无奈只好外出打工，孩子暂由婆婆照看。刘某外出打工期间担任销售主管，月入近万元且有其他收入，经济条件得到改善，生活趋于稳定，故想争夺小女儿的抚养权。

刘某以宝某经常喝酒、赌博、不能辅导孩子功课为由，将宝某诉至法院，请求法院把抚养权判归自己。宝某辩称自己虽然经常饮酒但是能够控制饮酒量，不至于影响生活，赌博也算不上，每次都是输赢二三十元范围内。女儿一直与奶奶共同生活，感情较深不宜分开，自己经济条件虽然比不上刘某，但足够抚养女儿。

案件焦点：刘某与宝某感情破裂期间，孩子一直由宝某的母亲抚养，与宝某共同生活时间较长，刘某的诉求能否得到支持？

裁判结果

经法院审判，判决如下：驳回刘某的诉讼请求，孩子抚养权归男方宝某。

案例评析

双方协议离婚后，未明确孩子的抚养权，孩子一直跟随一方共同生活，现在孩子已经熟悉成长的环境，适应和爸爸、奶奶在一起的生活方式，从有利于孩子身心健康发展的角度考虑，不应随意变更孩子的抚养权，除非现在的家庭发生不利于孩子身心健康的法定事由。

本案中，虽然后来刘某的经济能力和生活条件得到了很大的改善，但因其长期未和孩子共同生活，不了解孩子的性格及生活习惯，实际上和孩子感情已经很生疏。孩子跟随父亲和祖母共同生活了很长一段时间，已经适应了生长环境，贸然变更生活环境，对孩子顺利成长不利。

宝某虽有缺点，但不会对孩子产生不利影响，其和母亲一起，尽力尽心照顾孩子，已经很好地履行了抚养权设定的义务，故法院支持其继续抚养孩子。

法律依据

《最高人民法院关于人民法院审理离婚案件处理子女抚养问题的若干具体意见》

3. 对两周岁以上未成年的子女，父方和母方均要求随其生活，一方有下列情形之一的，可予优先考虑：

（1）已做绝育手术或因其他原因丧失生育能力的；

（2）子女随其生活时间较长，改变生活环境对子女健康成长明显不利的；

（3）无其他子女，而另一方有其他子女的；

（4）子女随其生活，对子女成长有利，而另一方患有久治不愈的传染性疾病或其他严重疾病，或者有其他不利于子女身心健康的情形，不宜与子女共同生活的。

案例四　丧失生育能力一方，可优先获得子女抚养权

——张某与孙某子女抚养权纠纷案

基本案情

张某（女）与孙某（男）系夫妻，婚后生育一子，现年 4 岁。生子后，张某做了绝育手术。

然而，在以后的日子里，张某与孙某因生活琐事经常争吵，有时甚至大

打出手，导致夫妻双方感情破裂，双方决定离婚，但对儿子抚养权归属问题发生争议。张某向法院起诉，请求法院判决解除双方婚姻关系，儿子由自己抚养。

案件焦点：张某与孙某婚姻存续期间，张某做了绝育手术，双方离婚后，张某是否应当有优先抚养权。

裁判结果

经法院审理，判决其子由张某抚养，孙某享有探望权，并每月支付抚养费1500元。

案例评析

抚养子女是夫妻双方的权利，更是法定义务，即使夫妻离婚也如此。起诉离婚，如果就子女抚养问题不能达成一致，法院会从有利于子女身心健康和保障子女合法权益的角度出发，结合父母双方的抚养能力和抚养条件等具体情况作出判决。

相关法律规定，夫妻中已经做了绝育手术或者因其他原因丧失生育能力的一方，可以优先考虑给予孩子的抚养权，本案中张某已经做了绝育手术，法院会优先考虑将儿子判归女方抚养，因为张某已经无法生育，相比于孙某，得到抚养权的需要更迫切。

法律依据

《中华人民共和国婚姻法》

第二十一条第一款　父母对子女有抚养教育的义务；子女对父母有赡养扶助的义务。

《最高人民法院关于人民法院审理离婚案件处理子女抚养问题的若干具体意见》

3. 对两周岁以上未成年的子女，父方和母方均要求随其生活，一方有下列情形之一的，可予优先考虑：

（1）已做绝育手术或因其他原因丧失生育能力的；

（2）子女随其生活时间较长，改变生活环境对子女健康成长明显不利的；

（3）无其他子女，而另一方有其他子女的；

（4）子女随其生活，对子女成长有利，而另一方患有久治不愈的传染性疾病或其他严重疾病，或者有其他不利于子女身心健康的情形，不宜与子女共同生活的。

案例五　老人和孙子女、外孙子女生活多年，可以帮子女争取抚养权

——杨某与卢某子女抚养权纠纷案

基本案情

2015年3月，杨某与卢某相识相恋，二人均为大龄青年，在亲朋好友的催促下草率完婚，后育一女。婚后二人常因琐事争吵，且在经济收入、消费观及人生观等方面双方存在很大的差异，故卢某作出离婚的决定。

由于孙女从小跟随爷爷奶奶一起生活，老人不忍心割舍，面对儿媳的离婚决定，老人非常不支持，坚决要求孩子的抚养权归自己儿子。两位老人明确表示：目前身体健康且两人退休工资较高，愿意替儿子照顾孩子；有经济能力给孩子提供一个舒适健康的生活环境；取得抚养权后不需要女方支付任何抚养费。后女方向法院起诉离婚，争夺孩子抚养权。

案件焦点：杨某与卢某离婚后其二人的抚养条件基本相同，但是杨某的父母长期与孩子共同生活，并且有能力抚养孩子，因此杨某是否有优先抚养孩子的权利。

裁判结果

经法院审判，判决同意女方离婚的诉讼请求，但孩子的抚养权归男方。

案例评析

根据法律的规定，法院确定子女抚养权时综合考虑各种因素，包括直接抚养人的抚养能力、被抚养子女的意愿以及对子女的感情和态度，子女对双方近亲属尤其是祖父母、外祖父母的依赖关系和感情基础等其他可供参考的因素。本案中，杨某与卢某抚养孩子的条件基本相同，因孩子长期跟杨某父母生活，杨某父母有能力且愿意替其照顾孩子，因此应当予以优先考虑。

法律依据

《最高人民法院关于人民法院审理离婚案件处理子女抚养问题的若干具体意见》

4. 父方与母方抚养子女的条件基本相同，双方均要求子女与其共同生活，但子女单独随祖父母或外祖父共同生活多年，且祖父母或外祖父母要求并且有能力帮助子女照顾孙子女或外孙子女的，可以作为子女随父或母生活的优先条件予以考虑。

案例六　继父待子女如同生父，离婚时也能获得继子女的抚养权

——宋某与王某子女抚养权纠纷案

基本案情

宋某与王某于1996年登记结婚。双方均系再婚，宋某结婚时带有一名非婚生子吴某。

婚姻关系存续期间，双方经常因家庭琐事发生口角，宋某于2004年离家出走，导致双方长期分居。

吴某一直跟随王某生活，由王某对吴某进行抚养教育。2016年6月，宋某诉至法院请求离婚，并要求抚养儿子吴某。王某同意离婚，但是不同意吴某由宋某抚养，认为孩子究竟由谁抚养应当听取孩子的意见，尊重孩子的选

择，吴某也表示愿意跟随王某生活。后宋某诉至法院。

案件焦点：吴某为王某的继子，一直由王某抚养，且王某与宋某离婚后吴某也愿意继续与王某生活，王某是否有抚养继子的权利。

裁判结果

经法院审判，吴某抚养权归王某。

案例评析

在确定子女抚养权时，在适用法律的前提下，应该综合考虑实际生活当中的各种因素。本案中，宋某因为家庭琐事离家出走，在数年的时间里对自己的亲生子女不尽抚养义务，而王某在此期间一直照顾吴某并承担抚养费。诉讼时，吴某满 8 岁，清楚和谁更有感情，吴某表示愿意随王某生活，王某也愿意抚养，因此吴某与王某共同生活更加有利于孩子的成长。

法律依据

《最高人民法院关于人民法院审理离婚案件处理子女抚养问题若干具体意见》

3. 对两周岁以上未成年的子女，父方和母方均要求随其生活，一方有下列情形之一的，可予优先考虑：

（1）已做绝育手术或因其他原因丧失生育能力的；

（2）子女随其生活时间较长，改变生活环境对子女健康成长明显不利的；

（3）无其他子女，而另一方有其他子女的；

（4）子女随其生活，对子女成长有利，而另一方患有久治不愈的传染性疾病或其他严重疾病，或者有其他不利于子女身心健康的情形，不宜与子女共同生活的。

案例七 抚养条件未发生不利的变化，抚养关系不能变更

——谢某与董某子女抚养权纠纷案

基本案情

谢某与董某原系夫妻关系，2009 年 2 月 28 日生育一女董某某，2012 年 4 月 30 日经法院调解离婚，确定婚生女董某某由董某抚养。董某后再婚，谢某以董某对董某某照顾不周、不配合其探望为由向法院提起诉讼，要求变更董某某由自己抚养，董某每月给付抚养费 3000 元至董某某年满 18 周岁。

案件焦点：董某获得董某某抚养权后并未出现不利于抚养的情形，谢某要求变更抚养权的主张能否获得支持。

裁判结果

一审法院在审理过程中征询董某某的意见，其表示愿意与妈妈一起居住生活。后判决：一、婚生女董某某自判决生效之日起变更由谢某抚养；二、董某于判决生效后每月 10 日前给付婚生女董某某抚养费 800 元，至其满 18 周岁止。

董某不服一审判决上诉至中级人民法院，在二审法院审理中，法院就本案诉讼争议，董某某尚不具备足够的认知与表达能力。目前，董某某在董某的抚养下已经上幼儿园，平时也能受到爷爷、奶奶的照顾，生活环境较稳定，谢某与董某的抚养能力相当，谢某未提供有力证据证明董某在抚养董某某期间存在不利于未成年人健康的法定情形，因此，法院认为董某某由董某抚养更适宜。据此二审法院终审判决：一、撤销原判决；二、驳回谢某之诉讼请求。

案例评析

父母双方离婚后，在短时间内变更抚养关系不利于维护孩子的相对稳定的生活环境，也会对其正常的生活和成长产生影响。本案中，董某某的抚养

问题已经法院调解生效至今不过1年有余，双方抚养条件并未发生较大变化。董某某已经上幼儿园，生活学习环境已相对稳定，此时变更不利于其稳定生活。

法律依据

《最高人民法院关于人民法院审理离婚案件处理子女抚养问题的若干具体意见》

16. 一方要求变更子女抚养关系有下列情形之一的，应予支持。

（1）与子女共同生活的一方因患严重疾病或因伤残无力继续抚养子女的；

（2）与子女共同生活的一方不尽抚养义务或有虐待子女行为，或其与子女共同生活对子女身心健康确有不利影响的；

（3）十周岁以上未成年子女，愿随另一方生活，该方又有抚养能力的；

（4）有其他正当理由需要变更的。

案例八　人工授精所生子女，一方当时同意不能逃避子女抚养义务

——张某与刘某子女抚养权纠纷案

基本案情

张某（女）与刘某（男）于2008年登记结婚，婚后多年不孕，后双方到医院检查，发现是刘某无生育能力，双方在医生的建议下，同意进行人工授精。

2014年，张某接受人工授精手术，刘某陪同。刘某在现场没有提出反对的意见。

孩子出生后的十几年里，刘某一直视同己出，努力抚养教育，即使后来双方感情不和闹分居，婚姻处于破裂的边缘，刘某也一直支付抚养费，履行自己的抚养义务。后双方感情破裂，张某起诉离婚，争取孩子的抚养权，刘某此时否认当初同意张某做人工授精手术，并以此为由拒绝支付孩子的抚养费。

案件焦点：人工授精的子女，父母是否同样负有抚养的义务。

裁判结果

经法院审理，判决准予双方离婚，孩子由张某抚养，刘某每月支付孩子抚养费至其成年。

案例评析

由于现代科学技术的发展及医疗水平的提高，人工授精技术已得到普遍实施，为广大不能生育子女的家庭带来了福音，婚姻关系存续期间，夫妻双方一致同意人工授精所生子女应当视为双方的婚生子女。

本案中，张某与刘某双方在医生建议下协商一致，在未办理书面同意手续的情况下，采用人工授精的方法，实施了人工授精。实施人工授精时刘某一直在现场，并没有提出否定意见，所生子女应当视为双方的婚生子女。

法律依据

《最高人民法院关于夫妻关系存续期间以人工授精所生子女的法律地位的函》

在夫妻关系存续期间，双方一致同意进行人工授精，所生子女应当视为夫妻双方的婚生子女，父母子女之间权利义务关系适用《婚姻法》的有关规定。

案例九　抚养费的高低，取决于支付方的经济能力

——刘某诉尹某子女抚养权纠纷案

基本案情

尹某（男）与刘某（女）为夫妻，2008 年登记结婚。2007 年尹某和刘某生育一女，取名尹某某。2008 年 5 月 16 日，与刘某签订《子女抚养及财产处

理协议书》约定：尹某某由尹某抚养，刘某每月支付抚养费2万元，至尹某某20周岁时止。

协议签订后，刘某仅支付了两个月的抚养费。为此，尹某起诉至法院要求刘某自2007年12月起每月支付抚养费2万元至尹某某20周岁止。法院经审理于2008年11月20日作出判决：刘某自2007年12月每月支付尹某某抚养费1万元，至尹某某20周岁止。双方当事人均未上诉。

2014年6月5日尹某又起诉要求变更抚养费为2万元/月，法院经审判支持了尹某的诉讼请求。

2015年8月，刘某认为尹某增加抚养费的判决书侵犯其财产权，要求撤销每月2万元抚养费的判决结果。

案件焦点：随着时间的推移，生活水平在提高，刘某经济能力也在提高，刘某支付抚养费是否要根据其收入水平的变化而变化。

裁判结果

法院经审理，最终判决驳回刘某的诉讼请求。

案例评析

父母对未成年子女有法定的抚养义务，非婚生子女享有与婚生子女同等的权利，不直接抚养非婚生子女的生父或生母，应负担子女的生活费和教育费，直至子女能独立生活为止。

虽然夫妻对共同所有的财产，有平等的处理权，但夫或妻也有合理处分个人收入的权利，不能因未与现任配偶达成一致意见，就认定支付的抚养费侵犯夫妻的共同财产权，除非一方支付的抚养费明显超过其负担能力或者有转移夫妻共同财产的行为。

本案中刘某税后月薪为12.4万元，年终奖50万—100万元，其给尹某某的抚养费，远没有超过法律规定的月工资20%—30%的标准。虽然该数额确实高于一般标准，但在父母经济状况均许可的情况下，都应尽力为子女提供较好的生活、学习条件。刘某支付的抚养费数额一直在其个人收入可承担的范围内，且刘某的收入稳中有升，支付尹某某抚养费在其收入中的比例反而下降，所以，刘某支付抚养费的行为，没有损害刘某的权益。

法律依据

《中华人民共和国婚姻法》

第二十五条 非婚生子女享有与婚生子女同等的权利，任何人不得加以危害和歧视。

不直接抚养非婚生子女的生父或生母，应当负担子女的生活费和教育费，直至子女能独立生活为止。

《最高人民法院关于人民法院审理离婚案件处理子女抚养问题的若干具体意见》

7. 子女抚育费的数额，可根据子女的实际需要、父母双方的负担能力和当地的实际生活水平确定。

有固定收入的，抚育费一般可按其月总收入的百分之二十至三十的比例给付。负担两个以上子女抚育费的，比例可适当提高，但一般不得超过月总收入的百分之五十。

……

案例十 抚养费标准可随物价上涨而提高

——张某某诉张某子女抚养权纠纷案

基本案情

孙某和张某于2008年经法院调解离婚，其子张某某由孙某抚养，张某当庭一次性给付抚养费3.6万元。

2013年张某某在某实验学校上小学，孙某支付年学费3600元，同年张某某生病住院，孙某又支付医疗费9000元。孙某无固定收入，主要收入来源为打零工。后张某某诉至法院，请求其父张某每月给付抚养费 1800 元及支付医疗费 4500 元，到 2023 年 6 月 30 日其满 18 岁止。

案件焦点：张某一次性支付完抚养费后，随着物价水平的提高，张某是否有义务继续支付抚养费。

裁判结果

法院经审理，认定张某某父母离婚时间是 2008 年，当时双方协议张某当庭一次性给付 3.6 万元，换算后，每月抚养费标准为 200 元，而 2012 年度北京市农村居民人均生活消费支出 11879 元，平均每月 990 元，根据该情况，张某某的抚养费不足以维持当地实际生活水平，为此，判决支持了张某某要求支付医疗费和增加抚养费的请求。

案例评析

婚姻家庭类案件中，人民法院在对未成年子女的抚养费进行判决、调解时，抚养费标准一般是依据当时当地的社会平均生活水平而确定。

随着经济的发展，生活水平的提高以及物价上涨，法院原先所判决、调解的抚养费的基础已经不存在或发生很大改变，再依据当时的条件和标准支付抚养费，已经不能满足未成年人基本的生活要求，不能保障未成年子女正常的生活和学习。因此，法律和司法解释规定未成年子女有权基于法定情形，向抚养义务人要求增加抚养费。本案正是基于最大限度保障未成年子女利益的考量，在原审调解书已经发生法律效力的情况下，准予未成年子女张某某向人民法院提起新的诉讼，依法支持其请求其父增加抚养费的主张。

法律依据

《中华人民共和国婚姻法》

第三十七条　离婚后，一方抚养的子女，另一方应负担必要的生活费和教育费的一部或全部，负担费用的多少和期限的长短，由双方协议；协议不成时，由人民法院判决。

关于子女生活费和教育费的协议或判决，不妨碍子女在必要时向父母任何一方提出超过协议或判决原定数额的合理要求。

案例十一 夫妻有互相扶养的义务，在婚姻关系存续期间内一方重病的，另一方需负担部分医疗费

——黄某诉张某夫妻扶养义务纠纷案

基本案情

黄某（女）与张某（男）于1990年登记结婚，婚后共同购置了住房两套、门市一个，一套住房用于自住，另一套住房及门市出租，租金2万元/年由黄某收取。

2009年4月，黄某被诊断患有“脊髓空洞症、抑郁症”，花费较大，除住院可报销部分医疗费外，其余药费需黄某自己负担。黄某长期病休，每月仅领取工资1000元。张某常年在外当包工头，收入较高。

近年来，黄某、张某因性格不合及黄某患病，双方时常发生矛盾，但为了孩子，张某离家不离婚。2014年6月5日，黄某诉至法院称她身患多种疾病，每月需药费万元以上，单凭自己难以负担，请求法院判决张某尽扶养义务，每月支付扶养费6000元。张某辩称，黄某每月有固定收入，有租房租金，有医保报销医疗费，其家里的多年积蓄全在黄某处，他工资低，不同意支付黄某扶养费。

案件焦点：黄某在婚姻存续期间患病，张某有经济能力的情况下是否应当支付扶养费。

裁判结果

法院经审判，判决支持了黄某的部分诉求，判决张某向黄某支付扶养费1000元/月。

案例评析

近年来，因夫妻一方患病、遭遇意外事故等导致夫妻感情淡化，婚姻难以维系，一方离家不离婚以及一方坚决离婚，另一方坚决不离的情况时有发生，婚内扶养案件在婚姻家庭纠纷案件中越来越多。

婚内扶养义务不仅仅是一个道德问题，更是法律的明确要求，有扶养能力的一方必须自觉履行这一义务，特别是在对方患病、丧失劳动能力的情况下。如果一方不履行这一法定义务，另一方可通过法律途径维护自己的合法权益。

本案中，黄某、张某系合法夫妻，现黄某身患疾病，需大量医疗费，而张某撒手不管，一、二审鉴于黄某确实需要扶养，张某又有一定的经济能力，酌定张某婚内每月给付黄某1000元扶养费，一定程度上保护了需要扶养一方的权利。

法律依据

《中华人民共和国婚姻法》

第二十条 夫妻有互相扶养的义务。

一方不履行扶养义务时，需要扶养的一方，有要求对方给付扶养费的权利。

案例十二 抚养费包括生活费、医疗费和教育费用

——柯某某诉柯某子女抚养费纠纷案

基本案情

李某（女）与柯某（男）系夫妻关系，柯某某为双方婚生子。后双方于2012年离婚，离婚协议书约定：婚后双方婚生子柯某某由李某抚养，柯某每月10日前支付人民币1500元，抚养费每年根据情况酌情增加，柯某某在学习、医疗等各方面的开支由双方共同承担。

2013年2月15日至2月22日，柯某某因间歇性外斜视、双眼屈光不正住院治疗，共支出医疗费14632.02元。2010年、2012年柯某某参加北京某少儿合唱团，共支出培训费10340元，2010年至2013年间柯某某参加某学校学习辅导班，共支出教育费20000元。

2013年，柯某某起诉至法院，请求柯某增加每月应当支付的抚养费，并支付相关医疗费和教育培训费用。后经审判法院支持了柯某某的诉讼请求。

案件焦点：离婚后柯某支付的抚养费除了生活费，医疗费和教育费用是否也应当承担。

裁判结果

经法院审判支持了柯某某的诉讼请求。

案例评析

为保护未成年人利益，促进未成年人身心的全面发展，法律适当鼓励未成年人根据个人天赋与爱好参加一定的课外辅导课程。我国规定的抚养费包含子女生活费、教育费、医疗费，包含为孩子客观利益必须支出的较大数额的医疗与教育费用。本案中柯某某长期参加歌唱兴趣班，从父母婚姻关系存续持续到离婚之后，所花费的费用在合理范围之内，且柯某在婚姻关系存续期间并未反对，离婚后知情也未明确表示反对。因此，法院在判决时支持了柯某某的合理诉求。

法律依据

《最高人民法院关于适用〈中华人民共和国婚姻法〉若干问题的解释(一)》

第二十一条 婚姻法第二十一条所称“抚养费”，包括子女生活费、教育费、医疗费等费用。

案例十三　协议约定拒绝支付抚养费需支付违约金条款为无效条款

——宋小某诉宋某抚养费纠纷案

基本案情

刘某（女）与宋某（男）系夫妻关系，二人于2011年1月26日生有一子宋小某。2012年5月27日二人签订了夫妻分居协议，协议约定：分居期间宋小某由其母刘某抚养，宋某每月给付抚养费1500元，于每月12日前支付，从第二个月开始抚养费逾期未转账，则赔偿违约金3万元/次。

2012年6月至2012年10月宋某每月支付宋小某抚养费1500元，2012年11月不再给付。2014年5月28日，刘某与宋某经法院判决离婚，判决宋小某随母刘某共同生活，宋某从2014年6月起每月给付原告抚养费1900元至宋小某年满18周岁止。

后宋小某将宋某诉至法院，请求支付2012年12月至2014年5月间的抚养费，并依法支付违约金。

案件焦点：宋某与刘某分居期间签订的分居协议对拒不支付抚养费设定了违约金条款，该条款是否能获得支持。

裁判结果

法院经审理认为宋小某的法定代理人刘某与宋某在分居期间就子女的抚养费问题已经达成协议，属于双方的真实意思表示，未违反法律的强制性规定，但因为抚养费的给付并非基于合同，双方约定的违约金条款于法无据。判决如下：一、本判决生效后7日内，宋某补付宋小某2012年11月至2014年5月抚养费28500元整；二、驳回原告宋小某的其他诉讼请求。

案例评析

本案中，夫妻分居协议约定抚养费的同时约定了延迟履行要支付违约金的条款，抚养费的给付是基于身为父母的法定义务，而非基于父母双方的协议，该协议只能约定抚养费的数额，且该法定义务不能因父母双方的协议而免除。因此，公民法定义务的履行只能依据法律法规的约束，而不宜因公民之间约定的违约金条款而予以约束。

抚养费设立的初衷是为了保护离婚后未成年人子女的合法权益，是以赋予未抚养一方法定义务的方式，努力使得未成年子女的生活恢复到其父母婚前的状态，抚养费本质上是一种针对未成年人的保障，因此，抚养人不应以违约金的形式从子女的抚养费中获利。

法律依据

《中华人民共和国婚姻法》

第二十一条第一款至第二款 父母对子女有抚养教育的义务；子女对父母有赡养扶助的义务。

父母不履行抚养义务时，未成年的或不能独立生活的子女，有要求父母付给抚养费的权利。

案例十四 抚养方不尽抚养义务，另一方有权要求变更抚养关系

——于某诉王某变更抚养关系纠纷案

基本案情

于某（女）与王某（男）于2002年结婚，2004年6月生育一子王甲，后感情破裂于2007年协议离婚，双方约定王甲由王某抚养。2010年9月，王某与杨某另行组成家庭，王甲随父及杨某共同生活期间，受到继母杨某体罚、饥饿、精神虐待。2011年11月，于某探视孩子过程中，发现孩子身体存在受伤情形，遂向公安机关报案，经鉴定，王甲身体存有十几处伤，已构成轻微伤。2011年11月21日，于某将王某诉至法院，要求变更抚养关系，并要求王某承担抚养费。

案件焦点：王某在离婚后获得其子王甲的抚养权，王甲在与其共同生活期间受到虐待，于某要求变更抚养权能否获得支持。

裁判结果

法院审理过程中根据相关证据发现自2010年起与王甲共同生活人员对王甲存有体罚、饥饿、精神虐待等情形，对其今后健康成长明显不利，判决其抚养关系应当予以变更，并依法由王某支付抚养费。王某不服提起上诉，经二审审理，判决驳回上诉，维持原判。

案例评析

夫妻双方离婚后，针对婚生子女的抚养问题，应当有利于未成年人的健康成长。离婚是自由的，但是孩子是无辜的，父母与子女之间的血缘关系是一个永远无法改变的事实。父母双方再婚时，均要客观地、现实地考虑到孩子的实际情况和感情，均应从有利于孩子生活和学习的角度出发，给孩子一个健康、稳定的成长环境，这样，孩子的幸福才不会因为父母的分离而削减。

法律依据

《最高人民法院关于人民法院审理离婚案件处理子女抚养问题的若干具体意见》

16. 一方要求变更子女抚养关系有下列情形之一的，应予支持。

（1）与子女共同生活的一方因患严重疾病或因伤残无力继续抚养子女的；

（2）与子女共同生活的一方不尽抚养义务或有虐待子女行为，或其与子女共同生活对子女身心健康确有不利影响的；

（3）十周岁以上未成年子女，愿随另一方生活，该方又有抚养能力的；

（4）有其他正当理由需要变更的。

案例十五 子女户口在农村实际生活在城镇的，应按照城镇标准支付抚养费

——林某诉张某抚养费纠纷案

基本案情

林某（女）与张某（男）于2011年9月27日登记结婚，于2012年7月14日生育一子张某某。2014年11月20日，林某与张某协议离婚，签订离婚协议一份，协议约定张某某由其母林某抚养，张某不支付抚养费。

离婚后林某与张某某共同居住于县城，林某因照顾张某某及家庭，没有稳定工作，加之张某某上幼儿园需要缴纳学费、生活费等费用，生活压力较大。张某工作稳定，经济收入较高，且于2013年购买楼房一处。为维护合法权益，林某于2015年3月20日诉至法院，要求张某从2015年1月1日起按照城镇标准每年给付张某某生活费7200元，至张某某独立生活为止。

张某主张自己及张某某均是农村户口，应按照农村居民人均纯收入从起诉之日起支付抚养费。

案件焦点：张某与林某及其二人之张某某均为农村户口，从出生时起张某某随母亲林某一直居住在县城，是按照农村标准还是城镇标准支付抚养费。

裁判结果

法院经审理认为张某某系林某与张某的婚生子，双方都有抚养教育的义务。张某有较高的经济能力，且张某某现居住在县城，对于其要求按农村人均纯收入的主张法院不予采信，要求从起诉之日支付抚养费的主张，符合法律规定，予以采信。判决张某自2015年4月1日起开始按照城镇人均纯收入支付张某某抚养费。

案例评析

日常生活中，经常会遇到户籍所在地与经常居住地不一致的情形，涉及子女抚养费给付的问题，这时应该考虑如何最大限度保护孩子的权益。本案中，张某某虽然是农村户口，但是从出生起就生活在县城并在县城居住上学，张某也在县城购买住房，考虑到这些情况，法院最终判决张某按照城镇居民人均纯收入的标准支付抚养费。

法律依据

《最高人民法院关于人民法院审理离婚案件处理子女抚养问题的若干具体意见》

7. 子女抚育费的数额，可根据子女的实际需要、父母双方的负担能力和当地的实际生活水平确定。

有固定收入的，抚育费一般可按其月总收入的百分之二十至三十的比例给付。负担两个以上子女抚育费的，比例可适当提高，但一般不得超过月总收入的百分之五十。

无固定收入的，抚育费的数额可依据当年总收入或同行业平均收入，参照上述比例确定。

有特殊情况的，可适当提高或降低上述比例。

第六章 赡养纠纷

导读

赡养，主要是指子女在经济上为父母提供必需的生活用品和费用的行为，即承担一定的经济责任，提供必要的经济帮助，给予物质上的帮助。赡养扶助的主要内容是指在现有经济和社会条件下，子女在经济上应为父母提供必要的生活用品和费用，在生活上、精神上、感情上对父母应尊敬、关心和照顾。

随着老龄社会的到来，老年人口越来越多，赡养纠纷也随之而来，赡养问题成为影响一方平安的重要因素。“老有所养”，是每一位老年人的期盼，也是构建和谐社会所必备的重要因素。然而现实中，老年人的赡养纠纷时常出现，使他们在精神上受到打击，在社会上也造成了不良的影响。通过对赡养纠纷案件进行分析，可以粗略得出赡养纠纷产生的原因有以下几个方面：一、家庭矛盾层面的原因。有的父母生育多名子女，而子女间因分家析产、父母帮扶等原因产生矛盾，当父母年老需要赡养时，子女翻旧账从而将怨气发泄到父母身上，产生不愿赡养的情况。二、沟通层面的原因。有的父母与子女缺乏沟通，有的父母甚至染上了赌博的恶习，再加上平时教育子女采取简单粗暴的方式，使子女从小产生逆反心理，与父母没有建立应有的感情，这种情况下，一旦父母年老需要赡养时，极易产生子女不愿赡养的现象。三、赡养方式层面的原因。我国有的地区特别在农村，有的兄弟间是将父母分开赡养的，一个负责父亲的生养死葬，一个负责母亲的生养死葬，如果二老全都健在，兄弟尚能和平共处，不会产生矛盾。一旦父母一方先行去世，则另一方的赡养问题就会随之而来，负责赡养还生存着的一方的儿子就会认为自己尽的义务比赡养已死亡父（母）的兄弟多，赡养纠纷因而产生。四、传统观念层面的原因。在我区农村现实生活中，普遍存在养儿防老的观念。五、道德层面的原因。少数子女自私自利，只考虑自己吃喝享受，父母年轻能帮忙时尚能接受，一旦父母年迈、不能帮助自己时，就将父母看成了自己的包袱，对父母的生活不闻不问，甚至白眼相对、打骂虐待。六、性格层面的原因。有个别老人自身性格暴戾，不体谅子女，对子女要求过高且动辄和子女发生不愉快，使子女产生逆反、抗拒心理。七、老人再婚引发老人赡养纠纷。

针对上述纠纷产生的原因，我们需要通过研究案件的性质来预防和处理赡养纠纷，家庭是社会的细胞，赡养是个社会问题，每个人都摆正自己在家中的位置，做子女的，要弘扬孝顺父母的美德；做父母的，也该体谅子女，减轻子女负担，只有家庭和谐，社会才能和谐。

案例一 企图通过离婚制造无赡养能力不承担赡养义务的不能得逞

——何某诉何某某与刘某赡养纠纷案

基本案情

何某与何某某系父子关系，刘某系何某某之妻，何某一直与何某某、刘某生活在一起并居住使用一间转角屋。

何某某长期在外务工，何某与儿媳刘某多次发生家庭矛盾，2015 年何某某与刘某达成离婚协议，二人约定婚后共同财产归刘某所有。

2015 年 5 月，刘某趁何某外出，将何某房屋内的生活用品等物资搬出并占用了何某所居住的房屋，致使何某居无定所。何某遂将二人起诉至法院要求二人承担赡养义务。

案件焦点：何某某与刘某为了逃避对老人的赡养义务，制造无赡养能力的假象，是否就不需要赡养老人了。

裁判结果

经过审理法院判决：何某某、刘某于判决生效后 5 日内将何某原居住的转角屋一间腾退予其居住、使用。并要求何某某为何某提供一张床及床单、被盖、枕头等必需的床上用品，以及厨房、厕所、水、电等设施和通行等生活必要便利条件，刘某不得阻挠。

案例评析

赡养老人是子女法定应尽的义务，也是中华民族的传统美德。本案双方当事人未能正确处理家庭矛盾，长期关系紧张。何某某、刘某为逃避对老人的赡养义务，恶意串通，企图通过离婚，使负有赡养义务的何某某一无所有，制造出何某某无履行赡养义务能力的假象，损害了何某的利益。法院查清了案件背后的复杂矛盾关系，积极主动适用老年人权益保障法和民法通则的相关规定，维护了何某的合法权利。

法律依据

《中华人民共和国老年人权益保障法》

第十四条 赡养人应当履行对老年人经济上供养、生活上照料和精神上慰藉的义务，照顾老年人的特殊需要。

赡养人是指老年人的子女以及其他依法负有赡养义务的人。

赡养人的配偶应当协助赡养人履行赡养义务。

第十六条 赡养人应当妥善安排老年人的住房，不得强迫老年人居住或者迁居条件低劣的房屋。

老年人自有的或者承租的住房，子女或者其他亲属不得侵占，不得擅自改变产权关系或者租赁关系。

老年人自有的住房，赡养人有维修的义务。

案例二 赡养人不仅要为老人提供物质生活的保障，还需对老人提供精神慰藉，定期探望

——黄某诉子女赡养纠纷案

基本案情

黄某年逾八十，育有三子一女，近年来一直随长子生活。

黄某曾于2009年起诉各子女，要求给付赡养费，同时要求子女对其看望。法院判决每个子女每月给付黄某赡养费400元，驳回其要求子女看望的请求。

2013年，黄某再次向法院起诉，要求各子女每人每月给付赡养费500元，并要求不与其共同生活的子女每月看望其一次。

案件焦点：黄某的赡养费是否应当增加，要求子女每月看望一次的请求是否能得到法院的支持?

裁判结果

法院经审理后判决：黄某子女每人每月给付的赡养费标准提高到450元，不与黄某共同生活的子女每人每月看望黄某一次。

案例评析

赡养父母是子女应尽的法定义务。赡养人不仅应在经济上保障、生活上照料同时精神上也应对老人进行抚慰。黄某年事已高，体弱多病，生活不能自理，需要他人照顾。黄某要求子女尽赡养义务，符合法律规定。

在现实中，单纯靠道德规范对传统家庭关系进行调整，无法满足现实需要，法律的强制性规定对加强家庭观念、维持家庭功能、保障家庭成员合法权益起决定性作用。

法律依据

《中华人民共和国老年人权益保障法》

第十八条 家庭成员应当关心老年人的精神需求，不得忽视、冷落老年人。

与老年人分开居住的家庭成员，应当经常看望或者问候老年人。

用人单位应当按照国家有关规定保障赡养人探亲休假的权利。

案例三 与继父母有抚养教育关系的继子女成年后应承担对继父母的赡养义务

——刘某诉刘某某、张某1、张某2赡养纠纷案

基本案情

刘某与朱某于1986年登记结婚，朱某系再婚。1987年朱某与前夫所生张某1、张某2到刘某所在的村与刘某共同生活。1990年5月13日，刘某与朱某生育一子刘某某。1991年张某1离家外出打工，1993年张某2离家外出打

工。2012 年 2 月，朱某去世。刘某因年事已高且没有生活来源，基本生活困难，因刘某某、张某 1、张某 2 不履行赡养义务，遂向法院起诉，请求处理。

案件焦点：再婚家庭继子由继父母抚养长大，继父母生活困难是否有赡养的义务，子女能否因为其他子女不尽赡养义务而逃避赡养义务。

裁判结果

法院经审理认为刘某某负有当然的法定义务，考虑张某 1、张某 2 与刘某共同生活时间、感情因素及二人现在的经济状况，最后判决刘某某自 2014 年起，于每年的 6 月 1 日前支付给刘某当年度赡养费 3600 元，张某 1、张某 2 自 2014 年起，于每年的 6 月 1 日前分别支付给刘某当年度的赡养费 1500 元。

案例评析

赡养老人是中华民族的传统美德，做好农村老人的赡养工作是长期而艰巨的任务，而继父母的赡养问题更加复杂。当前农村存在很多继父母与继父母子女的关系，而这种关系问题是一个较为敏感的社会问题。正确认识继父母子女的关系性质，适用有关法律对继父母子女关系进行全面调整，具有重要的社会意义。法律规定，继父母与继子女之间有抚养关系的，继子女必须对继父母承担赡养义务。针对赡养继父母这一特殊群体，需要在农村加大宣传力度，引导社会形成正确认识，及时维护农村老人合法权益，确保老人安度晚年。

法律依据

《中华人民共和国婚姻法》

第二十一条第一款至第三款 父母对子女有抚养教育的义务；子女对父母有赡养扶助的义务。

父母不履行抚养义务时，未成年的或不能独立生活的子女，有要求父母付给抚养费的权利。

子女不履行赡养义务时，无劳动能力的或生活困难的父母，有要求子女付给赡养费的权利。

第二十七条 继父母与继子女间，不得虐待或歧视。

继父或继母和受其抚养教育的继子女间的权利和义务，适用本法对父母子女关系的有关规定。

案例四 赡养事务可以通过协议安排，也可根据实际情况变更

——张某诉子女赡养纠纷案

基本案情

张某与其丈夫李某共育有三个子女，即长子李某某1，次子李某某2，小女儿李某某3，三个子女现已成人成家。

李某于2010年去世，张某年老体弱，疾病缠身，跟随李某某1生活，李某某1经常虐待、辱骂张某，致张某无法正常生活，次子、小女未尽赡养义务。

为保障自己晚年生活，张某向法院提起诉讼，诉称：1. 张某随李某某2生活，由李某某2对其进行赡养、照顾，李某某1今后不得再行骚扰；2. 自2014年10月14日起，李某某1每月给付张某赡养费1000元，李某某2、李某某3每月分别向张某给付赡养费500元，应在每月3号之前给付；3. 张某自2014年10月14日起因意外或疾病等原因产生的医疗费由三人平均分担；医疗费以正式发票为准，每季度结算一次。

长子李某某1辩称，1985年曾与张某签订分家协议，就赡养问题做了如下约定："1. 由李某某1扶养母亲，李某某2扶养父亲。2. 父母在60岁以前，哥俩每人每月给零花钱5元，60岁以后每人每月给10元。"

自己恪守协议与母亲张某共同生活，其他子女未支付过赡养费。在过去的30年中，自己对张某尽到了主要的赡养义务，在今后的赡养分配上应减轻赡养责任，愿意分担医药费。

次子李某某2辩称，1985年分家时，已明确约定母亲由李某某1赡养，

父亲由自己赡养。自己已按照约定赡养了父亲李某，并在父亲去世后，对其进行了安葬，所有费用也均由自己支出，已尽到了自己的赡养义务。

女儿李某某3辩称，母亲生活都由她自己开支，生病也由李某某3和李某某2带其治疗，自己已履行赡养义务，而李某某1并未完全履行当初的赡养协议，所以同意母亲张某的请求。

案件焦点：已经协商好的赡养约定能否根据时间的推移及实际情况的变化而进行变更。

裁判结果

法院裁判：赡养父母是子女应尽的义务，张某随李某某2一起生活，由李某某2照顾张某的日常生活。李某某1每月支付赡养费300元。李某某1负担张某医药费的二分之一，李某某2、李某某3各负担张某医药费四分之一。

案例评析

本案中1985年分家协议安排了赡养事务，内容虽为当事人的真实意思表示，但因李某某1未实际履行协议内容，且协议内容亦不符合后来的家庭生活状况，依据原协议判决不能对张某的生活给与恰当安排。因此法院综合考虑老人的实际情况及子女的负担能力，对案件予以符合现实需求的裁判。

法律依据

《中华人民共和国宪法》

第四十九条第三款 父母有抚养教育未成年子女的义务，成年子女有赡养扶助父母的义务。

《中华人民共和国老年人权益保障法》

第二十条 经老年人同意，赡养人之间可以就履行赡养义务签订协议。赡养协议的内容不得违反法律的规定和老年人的意愿。

基层群众性自治组织、老年人组织或者赡养人所在单位监督协议的履行。

案例五 赡养义务是法定义务，不得以财产分配不公为由拒绝赡养

——沈某诉子女赡养纠纷案

基本案情

沈某生育两子两女，均已成家立业，老伴于前年去世，其两子一女均定居外地，仅有大女儿与沈某同村生活。

现沈某已年过八旬，体弱多病，无生活来源，大儿子以家产分配不公为由拒绝赡养，大女儿则表示无力赡养。

经村委会多次调解无效，沈某遂向法院提起诉讼，要求其子女每年分别给付赡养费用4000元。庭审中，四名子女各执一词。大儿子辩称沈某已将存款交由三儿子，应当由三儿子履行赡养义务，三儿子辩称，赡养老人是全体子女的义务，应当按照份额履行赡养义务，其大女儿则表示家庭贫困，无力支付赡养费用，仅能照顾原告起居生活。

案件焦点：沈某的子女较多且老人财产分配不均，子女能否以财产分配不均为由不尽赡养义务。

裁判结果

法院最后裁定，综合考虑原告身体状况、本地生活水平等因素，法院酌定大女儿每年给付赡养费2000元，其余三名子女每年分别给付赡养费用4000元。

案例评析

赡养老人是子女对父母的法定义务，与家庭财产分配无关。子女以父母分家不公为由拒不履行赡养义务是与法律规定要求相悖的。子女赡养老人的义务原则上应是相同的，但由于本案发生在农村，法院处理本案时，结合了农村风俗习惯，具体问题具体分析，考虑到沈某仅有大女儿在身边照料生活，其余子女均定居外地，对沈某关心甚少，遂适当减轻大女儿的赡养份额属合理合法。

法律依据

《中华人民共和国婚姻法》

第二十一条第一款至第三款 父母对子女有抚养教育的义务；子女对父母有赡养扶助的义务。

父母不履行抚养义务时，未成年的或不能独立生活的子女，有要求父母付给抚养费的权利。

子女不履行赡养义务时，无劳动能力的或生活困难的父母，有要求子女付给赡养费的权利。

《中华人民共和国老年人权益保障法》

第二十二条第一款 老年人对个人的财产，依法享有占有、使用、收益和处分的权利，子女或者其他亲属不得干涉，不得以窃取、骗取、强行索取等方式侵犯老年人的财产权益。

案例六 被父母遗弃的子女，仍应对父母承担赡养义务

——胡某诉胡某某赡养纠纷案

基本案情

胡某系胡某某父亲，胡某某出生不到两个月，胡某即因犯抢劫罪被判处有期徒刑五年。

胡某出狱后两年多，与胡某某的母亲离婚。双方约定，胡某某由其母亲抚养，若胡某有钱则需要支付抚养费。因胡某出狱后一直没有工作，故未抚养过胡某某，亦未支付过抚养费。

现胡某起诉胡某某要求其每月支付500元赡养费。胡某某称："首先，胡某与母亲离婚后，从未支付过抚养费，其服刑以及后来的劳教经历对我的成长有不良影响，给我造成了阴影，不同意支付赡养费。其次，自己月平均收入约为2000元，信用卡还欠款约5万元，没有能力支付赡养费。"

案件焦点：由于胡某的过错未尽对胡某某的抚养教育义务，胡某某是否能以此为理由拒绝赡养胡某。

裁判结果

法院经过审理后认为：父母对子女有抚养教育的义务；子女对父母有赡养扶助的义务。因胡某已年满六十周岁，无生活来源，胡某某作为胡某之子应该承担赡养扶助义务。虽胡某未对儿子履行过抚养教育义务，其行为有悖于法律规定，应予以批评教育，但不能成为胡某某不履行对父亲的赡养扶助义务的理由。

法院综合考虑胡某某的经济状况和家庭情况，最终酌情判决胡某某每月向胡某支付赡养费200元。

案例评析

子女不履行赡养义务时，无劳动能力的或生活困难的父母，有要求子女付给赡养费的权利。从法院的判决不难看出，即便是父母由于外在因素未对子女履行抚养教育义务，也不能成为子女不承担赡养义务的理由。因为承担对父母的赡养义务是法律的强制性规定。

法律依据

《中华人民共和国婚姻法》

第二十一条第一款、第三款 父母对子女有抚养教育的义务；子女对父母有赡养扶助的义务。

子女不履行赡养义务时，无劳动能力的或生活困难的父母，有要求子女付给赡养费的权利。

《中华人民共和国老年人权益保障法》

第十四条 赡养人应当履行对老年人经济上供养、生活上照料和精神上慰藉的义务，照顾老年人的特殊需要。

赡养人是指老年人的子女以及其他依法负有赡养义务的人。

赡养人的配偶应当协助赡养人履行赡养义务。

案例七　赡养义务的结束，只能是被赡养人去世，不能通过任何形式协议予以免除

——何某诉子女赡养纠纷案

基本案情

何某生有三个儿子，均已成年。何某年届五十，但劳动力不减当年。1993年4月12日，因家庭琐事与二儿子发生矛盾，一气之下便与二儿子签订了一份生养死葬协议，由二儿子一次性给付何某赡养费包括生养死葬等一切费用10000元，何某今后由大儿子和三儿子赡养，不再要求二儿子承担任何费用。

何某的大儿子和三儿子也在协议书上签了名。协议签订后，二儿子付给何某10000元。何某收取10000元后，自己耕种责任田，加上大儿子和三儿子的接济，也能维持正常生活，十六年间父子相安无事。

2009年4月，何某感觉身体不适，不能继续下地劳动，丧失了生活来源，又需要钱治病，虽然有大儿子和三儿子赡养但还是生活拮据，便要求二儿子承担部分供养责任，二儿子拿出与父亲当年签订的协议，以自己已经一次性支付了赡养费为由，拒绝再行履行赡养义务。何某遂向法院起诉要求二儿子给付赡养费。

案件焦点：何某与二儿子之间签订了一份生养死葬协议，二儿子能否以此来免除自己的赡养义务。

裁判结果

法院经审理认为赡养是法定的义务，不能通过协议进行免除，结合何某二儿子的经济状况判决二儿子每月向何某支付300元赡养费。

案例评析

赡养父母是中华民族的传统美德，也是成年子女的法定义务，该法定义务不能通过协议解除，亦不能以任何形式一次性了断，只要父母生活困难有赡养需求，具有负担能力的成年子女就应该履行对父母经济上供养、生活上照料和精神上慰藉的义务。

即使部分赡养人自愿承担全部赡养责任，在被赡养人不能维持正常生活水平时，其他赡养义务人仍然应当承担补充赡养义务。

法律依据

《中华人民共和国老年人权益保障法》

第二十条 经老年人同意，赡养人之间可以就履行赡养义务签订协议。赡养协议的内容不得违反法律的规定和老年人的意愿。

基层群众性自治组织、老年人组织或者赡养人所在单位监督协议的履行。

案例八 被判刑留有财产的，优先支付赡养费

——吴某诉子女赡养纠纷案

基本案情

吴某今年62岁，与前夫黄某生育了女儿黄小娟、儿子黄某涛。1976年，吴某与前夫黄某离婚，女儿黄小娟由前夫抚养，儿子黄某涛由吴某抚养。1992年，吴某带着儿子再婚，与带着两个儿子的孙某重新组建了家庭。

早年间，吴某的儿子黄某涛染上了毒瘾。2011年9月，黄某涛因长期吸毒、以贩养吸被捕。儿子被抓后，吴某又在2012年年底患病入院，被诊断脑梗塞、高血压病3级。

2013年1月，北京市中级人民法院一审认定黄某涛犯贩卖毒品罪，判处其无期徒刑，剥夺政治权利终身，并处没收个人全部财产。黄某涛不服上诉

至北京市高级人民法院，后被驳回。

吴某因医治缺钱，于2013年9月向北京市某区人民法院提起诉讼，她认为儿子黄某涛不履行赡养义务，故索要赡养费50万元。

案件焦点：黄某涛被判处无期徒刑并处没收财产，这又与他应承担的赡养义务发生金钱上的冲突，该如何处理？

裁判结果

法院经审理认为黄某涛对吴某负有法定赡养义务，吴某因病入院，需要大量医疗费用，生活困难，黄某涛入狱前个人财产应扣除对吴某的抚养费后再行没收，故判决黄某涛向吴某支付20万元抚养费。

案例评析

黄某涛基于子女的赡养义务应对吴某给付赡养费，这是民法上的责任；他因贩卖毒品罪被判处无期徒刑，剥夺政治权利终身，并处没收全部个人财产，这属于刑事法律规范调整的刑事责任。两者属于不同法律部门之间的责任。两者其实并不冲突，黄某涛虽被判刑，并不能免除其应负的赡养义务。

然而，黄某涛被判处无期徒刑并处没收财产，这又与他应承担的赡养义务发生金钱上的冲突，该如何处理？从私权保障和私权优先这一法理的运用出发，赡养费的给付应优先于刑事财产刑的承担。

法律依据

《中华人民共和国婚姻法》

第二十一条第一款至第三款　父母对子女有抚养教育的义务；子女对父母有赡养扶助的义务。

父母不履行抚养义务时，未成年的或不能独立生活的子女，有要求父母付给抚养费的权利。

子女不履行赡养义务时，无劳动能力的或生活困难的父母，有要求子女付给赡养费的权利。

案例九　年过80岁有收入来源的高龄老人，向子女主张赡养费的，法院应支持

——张某诉子女赡养纠纷案

基本案情

张某系某公司退岗家属，现年83岁，每月有养老金及其他生活补贴等近三千元收入。

张某与其丈夫李某结婚后生育长女李一、长子李二、次女李三共三个子女。2013年4月，长女李一起草了一份《赡养协议》，协议约定："一、母亲现有一套住房在有生之年不允许变卖，留作晚年自用，闲置期间可以酌情出租，房屋租赁租金归母亲所有；二、母亲有自己的养老收入；三、子女需分别轮流承担陪伴照料义务，母亲由哪个子女照料陪伴，其他两位子女需每月支付500元赡养费，并于每月30日前汇入指定账号"，签订该赡养协议时，张某知道且同意该份赡养协议的内容。

协议签订以后，母亲先在大女儿李一处生活，2013年11月底至2015年都在广东与儿子李二一起生活，之前李二也按月向母亲支付赡养费。大女儿李一和小女儿李三给母亲按月支付赡养费至2014年5月，后得知母亲将房子无偿赠与其二儿子李二之后，李一和李三不再支付母亲赡养费用。

2014年11月25日，李一通过EMS给李三、李二邮寄了解除赡养协议通知书，李三收到通知书后书面表示同意解除赡养协议。2015年12月，张某将李一 、李二、李三起诉至法院，要求履行赡养义务。

案件焦点：张某年岁已大，子女不满意老人的财产分割，能否以老人有收入来源进行抗辩不支付赡养费。

裁判结果

法院经审理，支持了张某的要求。判决三被告支付自2014年6月起每月

赡养费500元并承担本案诉讼费。

案例评析

婚姻法规定，子女对父母有赡养扶助的义务，子女不履行赡养义务时，无劳动能力或生活困难的父母，有要求子女给付赡养费的权利。该条规定了赡养义务作为一项基本的法定义务，因其涉及最基本的身份血缘关系和社会公德，属于法定强制性义务，不能任由赡养人随意解除。而该条文也明确规定了赡养对象为“无劳动能力或生活困难的父母”，即父母只要符合或者无劳动能力，或者生活困难中的一项，子女就应当对其履行赡养义务而并非“无劳动能力且生活困难”。本案中，张老太在本案诉讼期间已经83岁高龄，达到法律规定可以认定为无劳动能力标准，即使其每月有固定收入，也并不影响其向子女要求给付赡养费。

古话说“养儿防老”，虽说传统上老百姓一般把养老的义务主要放在儿子身上，但现代社会中，女儿和儿子一样具有对父母亲进行赡养的义务，而且这是法定强制义务，不会因父母的过错或其他原因而解除。

法律依据

《中华人民共和国老年人权益保障法》

第十九条第二款 赡养人不履行赡养义务，老年人有要求赡养人付给赡养费等权利。

第二十条第一款 经老年人同意，赡养人之间可以就履行赡养义务签订协议。赡养协议的内容不得违反法律的规定和老年人的意愿。

《中华人民共和国婚姻法》

第二十一条第三款 子女不履行赡养义务时，无劳动能力的或生活困难的父母，有要求子女付给赡养费的权利。

案例十 赡养费应与被赡养人的日常生活水平相适应并考虑子女的收入情况

——刘某诉刘某某1、刘某某2赡养费纠纷案

基本案情

2014年6月23日，77岁的刘某以自己身患多种疾病，经济困难，两名子女不履行赡养义务为由，起诉至法院要求判令两名子女每人每月向其支付赡养费900元。诉讼中刘某自认每月收入4000余元，刘某长子刘某某1自认税后收入6500元，长女刘某某2主张无收入来源。刘某两名子女对刘某医疗费支出的事实予以认可，但辩称刘某有医疗保险，其退休金足够支付医疗及生活费用。

案件焦点：刘某有收入来源，其子女的经济状况不同，应如何来确定赡养费的给付数额。

裁判结果

法院根据庭审中的事实查明，刘某长子刘某某1有收入来源，刘某长女刘某某2虽主张自己没有工作，但结合其年龄适合工作的事实，其没有工作不能成为其拒绝履行赡养费的抗辩理由，最终判决两名子女每人每月分别支付刘某赡养费800元、500元。

案例评析

不少子女面对老人赡养诉讼请求提出各种各样的理由，但多数理由没有法律依据，这些理由将难以被法院认可。此外，法院审理赡养纠纷时将酌情考量被赡养人的身体情况、日常生活水平、当地消费水平、赡养人是否可以正常工作等情况对赡养数额予以酌定。尤其当存在多名赡养人的情况时，因为经济条件不同，将可能承担不同金额的赡养费。

法律依据

《中华人民共和国婚姻法》

第二十一条第一款、第三款 父母对子女有抚养教育的义务；子女对父母有赡养扶助的义务。

子女不履行赡养义务时，无劳动能力的或生活困难的父母，有要求子女付给赡养费的权利。

《中华人民共和国老年人权益保障法》

第十四条 赡养人应当履行对老年人经济上供养、生活上照料和精神上慰藉的义务，照顾老年人的特殊需要。

赡养人是指老年人的子女以及其他依法负有赡养义务的人。

赡养人的配偶应当协助赡养人履行赡养义务。

案例十一 子女不得以窃取、骗取、强行索要等方式侵犯老年人财产权益

——陈某诉陈某某 1、陈某某 2 赡养纠纷案

基本案情

2015 年 5 月 14 日，原告将其儿子陈某某 1、女儿陈某某 2 告上法庭，诉称女儿陈某某 2 对其尽了赡养义务，但儿子陈某某 1 不但不对其尽赡养义务，还将其拆迁补偿款和 2.9 亩承包地据为已有，更经常无故殴打自己。请求判令陈某某 1 每月支付赡养费 1000 元，并归还自己 2.9 亩承包地和 18000 元现金。

案件焦点：陈某的儿子陈某某 1 不但不尽自己的赡养义务还将老人的财产据为己有，对其应作出怎样的判决。

裁判结果

法院经审查同意陈某对女儿陈某某 2 撤回起诉，判决陈某某 1 于判决生效后 10 日内支付陈某自 2015 年 5 月开始以后每月的赡养费 360 元，判决生效

后的10日内返还陈某的房屋拆迁补偿款18000元。

案例评析

乌鸦有反哺之义，羊羔有跪乳之恩。百善孝为先，子女赡养父母是中华民族的传统美德，也是法律的明确规定。家庭是社会的细胞，家庭不和谐，社会和谐便成了无本之木。本案中陈某某1不但不赡养年迈的父亲，而且还抢钱霸地，施以暴力，其不孝行为与中华民族良好的道德传统背道而驰，格格不入。

法律依据

《中华人民共和国老年人权益保障法》

第二十二条第一款 老年人对个人的财产，依法享有占有、使用、收益和处分的权利，子女或者其他亲属不得干涉，不得以窃取、骗取、强行索取等方式侵犯老年人的财产权益。

案例十二 赡养人应当为经济困难的父母提供医疗费用

——宋某诉林某赡养纠纷案

基本案情

宋某76岁，年事已高，体弱多病，且生活不能自理。2012年至2013年，宋某因病住院仅治疗费就花了30多万元。宋某生育四子三女，其中三个儿子和三个女儿都比较孝顺，但三子林某多年来未尽任何赡养义务。宋某住院期间，三个儿子和三个女儿都积极筹钱，一起分担医疗费。而三子林某不仅对母亲病情不管不问，还不愿分担任何医疗费，虽经多次调解，但林某均避而不见。宋某无奈之下，走上法庭提起诉讼，请求判令其子林某支付赡养费、承担已经花去的医疗费，并分担以后每年的医疗和护理费用。

案件焦点：宋某因病花去巨额医疗费，林某作为儿子除了支付赡养费，是否应当分担过往及将来的医疗费用。

裁判结果

法院经审理支持了宋某的诉讼请求。

案例评析

赡养老人是回报养育之恩，是中华民族的传统美德，更是子女对父母应尽的法定义务。子女不仅要赡养父母，而且要尊敬父母，关心父母，在家庭生活中的各方面给予积极辅助。不得以放弃继承权或其他理由，拒绝履行抚养义务。子女不履行抚养义务，父母有要求子女给付赡养费、医疗费的权利。当父母年老、体弱、病残时，子女更应妥善加以照顾，使他们在感情上、精神上得到慰藉，安度晚年。本案中林某作为赡养义务人之一，无论从道义上、伦理上还是从法律上都应当对母亲履行赡养义务。

法律依据

《中华人民共和国婚姻法》

第二十一条第一款、第三款 父母对子女有抚养教育的义务；子女对父母有赡养扶助的义务。

子女不履行赡养义务时，无劳动能力的或生活困难的父母，有要求子女付给赡养费的权利。

《中华人民共和国老年人权益保障法》

第十四条第一款至第二款 赡养人应当履行对老年人经济上供养、生活上照料和精神上慰藉的义务，照顾老年人的特殊需要。

赡养人是指老年人的子女以及其他依法负有赡养义务的人。

第十五条第一款 赡养人应当使患病的老年人及时得到治疗和护理；对经济困难的老年人，应当提供医疗费用。

案例十三 赡养费用过低，难以维持基本生活的，可就赡养问题再次提起诉讼

——常某诉子女赡养费纠纷案

基本案情

常某1947年与黄某结婚，育有一子常某某1，后黄某去世。1961年常某与王某再婚，王某带着前婚所生常某某2、常某某3与常某共同生活。2000年王某因病去世，常某某2按照分家协议为王某办理了后事，常某仍在原处居住。2007年11月13日，常某向人民法院起诉，要求三子女履行赡养义务。一审法院作出判决常某三子女每年分别支付常某赡养费500元、360元、120元。2015年6月30日，常某以原判决确定给付的赡养费过低，难以维持基本生活为由，就赡养费再次向法院起诉。

案件焦点：常某起诉子女支付赡养费后法院判决子女支付相应的赡养费之后，常某仍难以维持生活能否再次起诉增加赡养费。

裁判结果

法院经审理认为常某要求增加赡养费的要求符合法律规定，判决常某的3个子女每年分别向常某支付的赡养费增加至800元、500元、300元。

案例评析

随着我国老龄化人口急剧增多，农村老人的赡养问题已经成为一种突出的社会现象。先哲孟子的名言“老吾老以及人之老，幼吾幼以及人之幼，天下可运于掌”。把敬老爱幼提到了治国安邦的高度，成为我国传统孝文化的精华。在我国已步入老龄化社会的今天，不少子女与父母对簿公堂，缘由是老年人得不到适当的甚至起码的赡养，父母、子女在彼此的矛盾冲突和伤痛后无奈地对峙在法庭之上。本案中，常某虽养育很多子女，却没有子女愿意主

动赡养，常某只能将其告上法庭，面对过低的赡养费，不能足以维持生活，法院适当地提高了赡养费标准，能让其受伤的心灵得到些许的宽慰。

法律依据

《中华人民共和国婚姻法》

第二十一条第一款、第三款 父母对子女有抚养教育的义务；子女对父母有赡养扶助的义务。

子女不履行赡养义务时，无劳动能力的或生活困难的父母，有要求子女付给赡养费的权利。

第七章　继承纠纷

导读

继承纠纷，是被继承人死亡后，因争执死者的遗产而发生的纠纷。《论语》就曾有云“不患寡而患不均”，特别是在被继承人遗产分配过程中，这种情况更是屡见不鲜，如继承财产范围、继承顺序、继承份额等，这些都会产生不一样的纠纷。下面将通过十五个案例为大家分享如何正确处理遗产继承纠纷，希望能为大家提供一些帮助。

根据我国现行法律的规定，继承纠纷发生后，相关当事人可以在完全自愿的基础上，通过互谅互让，就遗产分割的时间、办法和份额协商达成一个各继承人都愿意接受的协议，然后按协议分割遗产。这种有利于家庭成员之间的和睦团结，由协商解决完全基于有关当事人的自愿行为，因此处理后不会伤害彼此之间的亲情，也有利于纠纷的迅速、彻底解决。由于以协商方式处理遗产纠纷，不需经过别人的调解，更无须诉诸法院，节省了当事人的人力、财力和时间。同时，由于协议是当事人自行协商达成的，因而能够使纠纷得到彻底解决。

继承纠纷发生后，经协商不成时，可以直接向人民法院提起诉讼。应当注意的是，根据《中华人民共和国仲裁法》第三条的规定，继承纠纷不能仲裁。因此，有关当事人之间因继承发生纠纷后，不能向仲裁机构申请仲裁。

都知道“家和万事兴”，妥善处理遗产继承，避免或减少遗产纠纷，促进家庭成员之间的和睦相处，这是我们家和顾问团队为之奋斗的目标，想尽千方百计只为当事人权益最大化，还每一个大家庭以欢笑！

案例一 在未取得继承财产的所有权之前，罗父、罗乙将其应继承份额赠与罗甲，属继承人之间的自愿处分行为，不违反相关法律规定，应予以支持

——罗甲与罗父、罗乙继承份额赠与协议纠纷案

基本案情

罗父与罗母系夫妻关系，婚后共生育了2个子女，即罗甲、罗乙。2009年9月6日，罗父购买了位于重庆市渝北区回兴街道住宅一套，建筑面积120平方米。2010年9月8日，该房屋以罗父的名义办理了房屋产权登记。2017年10月27日罗母因病去世。罗母死亡时，其父母均已先于罗母去世；罗母死亡后，其遗产的第一顺序继承人有罗父、罗甲、罗乙。罗父、罗甲、罗乙因继承上述房屋发生纠纷，庭审中，罗父、罗乙自愿将其应继承份额赠与罗甲，该行为系当事人自愿处分行为，不违反相关法律规定，法院予以确认。

案件焦点：在未取得继承财产的所有权之前，法定继承人罗父、罗乙能否将其继承权（继承份额）通过协商的方法赠与另一法定继承人罗甲。

裁判结果

法定继承人罗父、罗乙将其应继承份额赠与其他法定继承人罗甲，属继承人之间的自愿处分行为，不违反相关法律规定，应予以支持。

案例评析

继承法规定法定继承人之间可以协商解决继承份额，虽然没有关于法定继承人是否可以将应继承的份额转让给其他继承人的直接表述，但对于公民来说，法无明文禁止即可为，法定继承人之间将继承份额赠与其他继承人的行为并不违反法律规定。另外，承认转让或赠与协议的效力也是减轻当事人诉累之考虑。司法部（89）司公字第10号《司法部公证司关于办理继承权公

证和赠与公证等问题的复函》虽规定：继承人放弃继承就不能再通过继承协议的方式将他应继承的份额转让给其他继承人。只有在办理了继承手续，对应继承的份额取得了所有权之后，继承人才能将该份额赠与他人所有。对此，公证处应先办理继承权公证，再办理赠与或转让公证。但在实际操作中存在很大困难，不仅烦琐，增加了继承成本，也加重了继承人的诉讼负担。再者，司法部的这一复函是就具体问题答复广东省司法厅公证管理处，对其他省份仅具有指导性作用，并不具有普适效力。另外，随着市场经济和改革的不断深入，运用契约精神（即协议或合同）化解此类农村继承纠纷必然成为大势所趋，这不仅可以节约司法资源，降低诉讼成本，也能为当事人提供极大便利。

法律依据

《中华人民共和国继承法》

第十三条　同一顺序继承人继承遗产的份额，一般应当均等。

对生活有特殊困难的缺乏劳动能力的继承人，分配遗产时，应当予以照顾。

对被继承人尽了主要扶养义务或者与被继承人共同生活的继承人，分配遗产时，可以多分。

有扶养能力和有扶养条件的继承人，不尽扶养义务的，分配遗产时，应当不分或者少分。

继承人协商同意的，也可以不均等。

案例二　遗产执行人需明确代理权限，否则无法执行代理事务，处分遗产

——李先生二姐与李先生单位遗产继承纠纷案

基本案情

2015年9月1日，成都李先生办理公证遗嘱，其死后各种费用的报销、银行存款的清理等均指定其二姐作为遗嘱执行人负责处理。李先生去世后，

其二姐以遗嘱执行人身份起诉李先生单位要求领取李先生死后的相关费用近10万元，被法院以缺乏法律依据为由驳回起诉，认为所涉遗产的诉讼权利提起人仍应当为死者李先生的继承人。

案件焦点：李先生二姐能否作为李先生的遗产执行人处分其遗产。

裁判结果

认为所涉遗产的诉讼权利提起人仍应当为死者李先生的继承人，对李先生二姐的起诉予以驳回。

案例评析

我国没有在继承法中规定遗嘱执行人的权责，一方面，立遗嘱人指定遗嘱执行人完成遗嘱人之心愿的需求已经越来越多；另一方面，我国继承法仅在第十六条规定了公民可以指定遗嘱执行人，再无相关规定，以至于实践中对遗嘱执行人之职责缺乏认识，相关部门不予配合，已经严重影响了该制度的利用，导致实践中即使立遗嘱人指定了遗嘱执行人，其亦无法完成遗嘱所指定的执行任务。另外，我国继承法并无关于遗嘱执行人资格的规定，法律在规定遗嘱人可指定遗嘱执行人的同时，可通过立法列举的方式引导立遗嘱人明确遗嘱执行人的职权，让立遗嘱人根据自己的情况保障自己愿望的实现。

法律依据

《中华人民共和国继承法》

第十六条　公民可以依照本法规定立遗嘱处分个人财产，并可以指定遗嘱执行人。

公民可以立遗嘱将个人财产指定由法定继承人的一人或者数人继承。

公民可以立遗嘱将个人财产赠给国家、集体或者法定继承人以外的人。

案例三　签有《遗赠扶养协议》的扶养人无故未尽到扶养义务导致协议解除，扶养人无权获得遗赠并且不得追偿已付扶养费

——阎某与宋某解除遗赠扶养协议纠纷案

基本案情

阎某是孤寡老人，膝下无儿无女，考虑自己将来无人送终，遂与同村宋某签订一份《遗赠扶养协议》。协议约定：1. 阎某由宋某赡养；2. 阎某有生之年，宋某必须尽好阎某吃、穿、住、行、医疗、丧葬等全部赡养义务，阎某身故后，其全部遗产赠与宋某。协议签订后的最初几年里双方相处还算融洽，可随着时间的推移，双方之间矛盾渐多。近年来，宋某对阎某很少照顾。特别是今年6月，阎某生病住院时，电话告知宋某，但宋某却说自己生活都没有着落无法对老人进行赡养。以上种种，阎某向法院起诉要求解除和宋某之间的遗赠扶养协议。

案件焦点：关于解除遗赠扶养协议的条件问题。

裁判结果

判决解除双方签订的《遗赠扶养协议》。

案例评析

我国法律只是规定了“无正当理由不履行”一方在协议解除后的不利后果。如果是遗赠人的原因导致协议解除的，只需“偿还扶养人（或集体组织）已支付的供养费用”，而没有承担违约赔偿的规定。但如果是扶养人（或集体组织）的原因导致协议解除的，不仅“不能享有受遗赠的权利”，而且“其支付的供养费用一般不予补偿”。遗赠扶养协议的遗赠人一般是丧失劳动能力又缺乏生活来源的鳏寡孤独的“五保户”老人，而协议中的“生养死葬”的义务不仅要求扶养人使遗赠人生存下去，更多是让遗赠人能够获得精神上的

天伦之乐及内心的温暖和关怀。即不仅要有生存所需的物质的要求，更多的是心理或精神上的一种“温暖或被关怀、关爱”的感受。就此而论，在协议的履行中，遗赠人享有更多的解除协议的权利。

在司法实践中，如果是扶养人是自然人的一方主张解除，经调解协议双方的矛盾确实无法调和，法院一般会作出解除协议的处理。因为，如果扶养人已无心扶养遗赠人，那么，即使法院判决不准解除，扶养人也不会给遗赠人关怀，更多的可能会遗弃、虐待遗赠人，使遗赠人处于更加不利的境地；但如果扶养人是集体所有制组织的一方主张解除的，法院一般会作出不解除协议的处理，以确保鳏寡孤独的遗赠人能有生活和生存的保障。

法律依据

《最高人民法院关于贯彻执行〈中华人民共和国继承法〉若干问题的意见》

56. 扶养人或集体组织与公民订有遗赠扶养协议，扶养人或集体组织无正当理由不履行，致协议解除的，不能享有受遗赠的权利，其支付的供养费用一般不予补偿；遗赠人无正当理由不履行，致协议解除的，则应偿还扶养人或集体组织已支付的供养费用。

案例四 赵母死亡后，其遗产并没有分割，而房改房的购房款是夫妻双方的共同积蓄，赵父所购房屋视为夫妻共同财产

——赵甲与赵乙遗产继承纠纷案

基本案情

赵父与赵母系夫妻关系，婚后育有二子，分别为赵甲、赵乙。赵母于1995年5月12日去世、赵父于2010年4月2日去世。赵母生前为某单位职工，在1998年所在单位统一公房出售时，因赵母已去世，赵父以其配偶身份于1998年7月15日用夫妻共同积蓄出资购买房屋一处，并于2000年1月3

日办理了产权证明。赵父于2008年10月16日将其已打印好的遗嘱在张龙、赵虎两位见证人的见证下签名并捺手印，两位见证人亦履行了见证人签名并加盖了法律服务所的公章的见证程序。该遗嘱明确表示，在其去世后上述房屋归赵甲一人所有。赵乙对上述遗嘱有争议，故起诉到法院。法院认定涉案房屋为夫妻共同财产，在赵母去世后其法定继承人并未对其遗产进行分割，依据法律规定，对于夫妻共同财产，如果分割遗产，应当先将共同共有的财产的一半分出为配偶所有，其余的为被继承人的遗产，故该房屋中的一半应为赵母的个人遗产，因赵母未留有遗嘱，故对该部分遗产应依照法定继承进行分配。因法律明确规定，遗嘱人以遗嘱处分了属于他人所有的财产，遗嘱的这部分应为无效，故赵父所立遗嘱中对不属于自己份额所作的处分行为应为无效。

案件焦点：该房屋应为赵父的个人财产，还是赵父与赵母的共同财产。

裁判结果

涉案房屋为赵父、赵母夫妻共同财产，该房的1/6归赵乙所有，5/6归赵甲所有。

案例评析

在该案中，赵父所处分的财产是在赵母去世后其所购买的房改房，对于房改房的购买，因为均涉及国家政策及单位内部制度的规定，所以常让当事人对所有权产生困惑。夫妻一方死亡后，如果遗产没有分割，应予查明购房款是夫妻双方的共同积蓄，还是配偶一方的个人所得，以此确认所购房屋是夫妻共同财产还是个人财产；如果购房款是夫妻双方的共同积蓄，所购房屋应视为夫妻共同财产。而且，房改房买卖关系的主体是特定的，购房者必须是与售房单位有劳动关系的职工，能够享受房改的优惠待遇是基于房改单位职工的身份，身份权是不能继承的，如果该职工是单身，按他自己所享有的优惠待遇参加房改，那么该职工的继承人只能继承购房款，没有获得该房屋产权的请求权。如果该职工以其家庭夫妻双方所享有优惠待遇参加其单位的房改，其配偶也是购房的主体，该职工所享有的那部分房屋产权可以作为遗产继承。

法律依据

《中华人民共和国继承法》

第二十六条 夫妻在婚姻关系存续期间所得的共同所有的财产，除有约定的以外，如果分割遗产，应当先将共同所有的财产的一半分出为配偶所有，其余的为被继承人的遗产。

遗产在家庭共有财产之中的，遗产分割时，应当先分出他人的财产。

案例五 遗嘱是单方民事行为，无须继承人的确认或认可，且无权处分预期可得利益，若继承人参与财产预处分并达成协议，则应认定为多方协议

——陈甲与陈乙遗产继承纠纷案

基本案情

张某有两个子女陈甲和陈乙，陈甲于2005年12月6日将户口迁入张某租用房屋。2006年9月，张某委托他人起草一份协议，载明“本人张某，自1992年10月起租用永寿街28号住房。2005年12月，陈甲将户口迁入该住址，但未列为核定同住人。若本人亡故后，该住房产生的所有收益应由本人的2个儿女均分：包括拆迁赔偿和租金等。即使承租人改为陈甲或陈乙搬入该住房居住，均应视同出租，按市场价补偿其他儿女。2个儿女均应在此文件上签字认可，以做今后分配的凭证”。该协议下方有张某的捺印，及陈乙、陈甲的签名。张某于2007年3月29日病逝。陈乙起诉陈甲，请求按照张某遗嘱继承上述房屋。

案件焦点：该份材料的性质是否属于遗嘱。

裁判结果

一审法院、二审法院均认为该书面材料的性质为多方协议，并非张某遗嘱。

判决驳回陈乙诉讼请求。

案例评析

该份书面材料由张某委托他人起草后打印而成，有张某的捺印及其两个子女的签字，故该份材料不符合遗嘱的形式要件。根据该份书面材料的内容，针对该份书面材料处分房屋拆迁后的预期可得利益，虽该份材料以张某第一人称行文，但要求“2个儿女均应在此文件上签字认可，以做今后分配的凭证”，由此可见，该份材料的内容并非张某一人的意思表示，而是张某及其子女共同认可的。因遗嘱是单方民事行为，无须继承人的确认或认可，且无权处分预期可得利益，因此，该份材料系张某及其2个子女的真实意思表示，合同有效，结合该份材料的形成过程、形式要件及内容，依法认定该份材料属于多方协议。

另外，根据由张某捺印，陈甲、陈乙签字的落款为2006年9月的书面材料内容来看，在张某在世时，张某及其子女以该书面材料的形式就涉案房屋的租金及可能获得的拆迁补偿收益的分配进行了约定，该书面材料能反映签名或捺印的各方真实意思表示，合法有效，认定该书面材料的性质为多方协议并无不当。

法律依据

《中华人民共和国继承法》

第十七条 公证遗嘱由遗嘱人经公证机关办理。

自书遗嘱由遗嘱人亲笔书写，签名，注明年、月、日。

代书遗嘱应当有两个以上见证人在场见证，由其中一人代书，注明年、月、日，并由代书人、其他见证人和遗嘱人签名。

以录音形式立的遗嘱，应当有两个以上见证人在场见证。

遗嘱人在危急情况下，可以立口头遗嘱。口头遗嘱应当有两个以上见证人在场见证。危急情况解除后，遗嘱人能够用书面或者录音形式立遗嘱的，所立的口头遗嘱无效。

案例六 王父、王母与王某签订附赡养义务的赠与合同，王某不履行赡养义务，王母可撤销房屋赠与

——王某与王母遗产继承纠纷案

基本案情

王父与王母婚后有一处房屋，为补贴生活将该房的阳台及一间房屋出租。由于年事已高，且王父体弱多病，考虑到仅有一女王某，2006 年 5 月底，经公证处公证，王父、王母与女儿王某签订了赠与合同，约定将该房屋以附赡养义务的方式赠与王某，同时约定王父、王母在有生之年有居住使用该房屋的权利，并可以将房屋出租用来补贴老人的生活，有关该房的产权过户及其一切手续由受赠人王某办理。2006 年 10 月初，王父突发心脏病住院，王某推说工作繁忙，未能前往医院照料，王母因住院费用问题要求王某给予一定帮助，王某亦予以拒绝，王父于半月后死亡，王母主张女儿未尽到约定的赡养义务，且王父已死亡，自己日后也不需要王某照顾，要求收回房屋，撤销之前的赠与。2006 年 10 月底，王某依据赠与合同公证书将房屋过户到了自己名下。双方据此产生争执诉至法院。

案件焦点：经过公证的附赡养义务的赠与合同能否撤销。

裁判结果

准许王母撤销对王某的房屋赠与。

案例评析

本案系因赠与合同的撤销而引发的争议，赠与合同的法定撤销，是指赠与合同生效或者履行后，在具备法定事由时由有撤销权的人撤销赠与，使赠与失效。案中虽然赠与的房产已过户至王某名下，但赠与合同约定的义务是王某赡养父母，并且父母享有在有生之年居住使用该房屋的权利，即对房屋有使用和出租收益用于贴补生活的权利；王某不履行赠与的附加义务，即不履行赡养义务，其行为构成赠与合同撤销的法定事由。

所以，王母完全可以在法定撤销期限内向人民法院提出诉讼，要求撤销与女儿王某之间的房屋赠与，并要求王某返还房屋。

法律依据

《中华人民共和国合同法》

第一百九十二条 受赠人有下列情形之一的，赠与人可以撤销赠与：

（一）严重侵害赠与人或者赠与人的近亲属；

（二）对赠与人有扶养义务而不履行；

（三）不履行赠与合同约定的义务。

赠与人的撤销权，自知道或者应当知道撤销原因之日起一年内行使。

第一百九十四条 撤销权人撤销赠与的，可以向受赠人要求返还赠与的财产。

案例七 当事人在遗产分配前可以单独请求法院确认继承权问题而不对遗产作出实质性处理，等确认是否有继承权的存在之后再对遗产进行分割

——姜姐与姜母继承权确认纠纷案

基本案情

姜母是被继承人姜某的母亲，姜姐是被继承人姜某的姐姐，被继承人姜某于2014年3月18日去世，一直未婚，无子女，其父亲姜父于2006年3月31日去世。其继承尚未开始。姜母诉至法院请求确认继承权。法院认为，被继承人姜某去世后，其第一顺序继承人为姜母，姜姐是第二顺序继承人。在法定继承中，继承开始后，由第一顺序继承人继承，第二顺序继承人不发生继承。因被继承人姜某终生未婚，无子女，其父亲姜父已经先于被继承人姜某去世，且无遗嘱，因此其遗产应由第一顺序继承人即姜母依法继承，姜母是姜某遗产的唯一合法继承人，故姜母要求确认其为姜某遗产的合法继承人，并享有独立继承权的请求应予支持。由于姜母作为第一顺序继承人，具有排他性，故无须确认姜姐无继承权。

案件焦点：当事人能否单独请求法院确认继承权而不对遗产作出实质性处理。

裁判结果

判决姜母是被继承人姜某遗产的唯一合法继承人，享有独立继承权。

案例评析

继承权是一个不稳定的期权，可能因为某种原因而获得，也可能因为实施了某种行为而失去，因而可能需要予以确认。另外，在审判实践中，继承权纠纷案件的审理，基本上分两步走，如果对继承权有争议，先确认是否有

继承权的存在，然后再对遗产进行分割。联系到本案的实际情况，姜母及其代理人只主张确认继承权，不分割遗产可能基于多方考虑，诸如房屋可能发生拆迁，现在分割遗产可能达不到最大利益。为了防止因分割遗产受到重大损失，可以先行确认继承权，继承人在以后分割遗产时，可以协商解决，如果自行协商解决不了，再提起分割遗产之诉。

法律依据

《中华人民共和国继承法》

第二条 继承从被继承人死亡时开始。

第十条 遗产按照下列顺序继承：

第一顺序：配偶、子女、父母。

第二顺序：兄弟姐妹、祖父母、外祖父母。

继承开始后，由第一顺序继承人继承，第二顺序继承人不继承。没有第一顺序继承人继承的，由第二顺序继承人继承。

本法所说的子女，包括婚生子女、非婚生子女、养子女和有扶养关系的继子女。

本法所说的父母，包括生父母、养父母和有扶养关系的继父母。

本法所说的兄弟姐妹，包括同父母的兄弟姐妹、同父异母或者同母异父的兄弟姐妹、养兄弟姐妹、有扶养关系的继兄弟姐妹。

案例八　尽主要赡养义务的丧偶儿媳对公、婆一次性抚恤金享有继承权利

——郭妻与郭乙、郭小甲继承纠纷案

基本案情

郭母系离休干部，早年丧夫，二人共生育两个子女，分别为郭甲和郭乙。郭甲于1999年12月病逝，郭母于2012年9月病逝。郭妻系郭甲妻子，两人育有郭小甲一个子女。郭母死亡后，郭母原单位给予丧葬费为6000元，一次

性抚恤金为126000元，合计132000元。该款已被郭妻所领取。经查明，自1995年郭母骨折后即与郭甲共同生活，在此期间也曾到郭乙家短暂居住；自2000年8月30日起，郭母与郭妻共同生活。郭妻为郭母操办了丧葬事宜，并由其支付了丧葬费用。

法院经审理认为：一次性抚恤金的产生和发展历程，以及有关主管部门的文件，确定分配规则，郭母死亡时，因其既无父母，也无配偶，故其死亡后的一次性抚恤金便应由其子女享有。参照继承法第十二条关于丧偶儿媳对公、婆尽了主要赡养义务的，享有第一顺序继承人地位，且不影响其子女的代位继承权的规定精神可知，丧偶儿媳在对公、婆尽了主要赡养义务后，实际取得了其公、婆准子女的法律地位。本案郭妻尽了主要赡养义务，并确认其已取得郭母准子女的法律地位为宜。因此，郭妻有权与郭乙、郭小甲平均分配郭母死亡后的一次性抚恤金。

案件焦点：丧偶儿媳对公、婆进了主要赡养义务的，能否列入一次性抚恤金的发放对象。

裁判结果

判决郭乙、郭小甲、郭妻平均分配该笔款项，并且郭妻多分得丧葬费6000元。

案例评析

一次性抚恤金是死者所在单位等给予死者家属或生前被抚养人的精神抚慰和经济补助，相当于生活费的性质，但不属于遗产。郭妻在其夫郭甲1999年去世后便长期照顾郭母的生活起居，郭母去世后，郭妻仍为郭母操办丧事。鉴于郭妻对郭母已尽了主要赡养义务，确认郭妻对案涉抚恤金享有份额更易被普通大众接受，也是法律公平原则的体现。

参照我国继承法第十二条关于丧偶儿媳对公、婆尽了主要赡养义务的，享有第一顺序继承人地位的规定精神可知，丧偶儿媳在对公、婆尽了主要赡养义务后，实际取得了其公、婆“准子女”的法律地位。本案郭妻尽了主要赡养义务，郭妻有权与郭乙、郭小甲以“子女”身份平均分配郭母死亡后的一次性抚恤金。

法律依据

《中华人民共和国继承法》

第十二条 丧偶儿媳对公、婆，丧偶女婿对岳父、岳母，尽了主要赡养义务的，作为第一顺序继承人。

案例九 夫妻关系存续期间，双方一致同意利用他人的精子进行人工授精并使女方受孕后，男方反悔，而女方坚持生出该子女的，该子女应视为夫妻双方的婚生子女，有财产继承权

——刘妻与刘父、刘母继承纠纷案

基本案情

刘某与刘妻于2013年6月9日登记结婚。2015年，刘某以自己的名义购买了北京531号房产，并办理了房屋产权登记。2016年5月30日，刘某与刘妻共同到医院生殖遗传中心签订了人工授精协议书，对刘妻实施了人工授精，后刘妻怀孕。2016年9月，刘某发现自己胃癌晚期，向刘妻表示不要这个孩子，但刘妻坚持要生下孩子。11月20日，刘某在医院立下自书遗嘱，在遗嘱中声明将北京531号房产赠与刘父、刘母。刘某于12月23日病故。刘妻于2017年1月产下一子，取名刘小宝。现刘妻及刘小宝起诉刘父、刘母要求继承北京531号房产；刘父、刘母表示孩子刘小宝与刘某没有血缘关系，不应继承北京531号房产（评估市值200万元）。

案件焦点：刘小宝是否享有继承权。

裁判结果

判决刘小宝有继承权，房屋归刘妻所有，刘妻给付刘父、刘母50万元。

案例评析

刘某因无生育能力，与刘妻到医院签订协议同意刘妻施行人工授精手术，这说明刘某是认同人工授精所生孩子是其与刘妻共同的子女，现在孩子是在刘某与刘妻结婚后有的，应视为刘某与刘妻双方的婚生子女。2016年9月，刘某发现自己即将死亡，要求刘妻流产，这行为对刘妻是没有法律效力的，无法改变刘小宝是他孩子的事实。同时因为刘小宝还是婴儿，无劳动能力，刘某分配遗产时，损害了刘小宝的利益，其部分遗嘱内容无效。

法律依据

《最高人民法院关于夫妻离婚后人工授精所生子女的法律地位如何确定的复函》

在夫妻关系存续期间，双方一致同意进行人工授精，所生子女应视为夫妻双方的婚生子女，父母子女之间权利义务关系适用《婚姻法》的有关规定。

《中华人民共和国继承法》

第十九条 遗嘱应当对缺乏劳动能力又没有生活来源的继承人保留必要的遗产份额。

案例十 夫妻双方订立遗嘱对共同财产进行处分，一方书写遗嘱内容，共同签字的遗嘱有效

——段乙与段小甲继承纠纷案

基本案情

被继承人段父、段母系夫妻关系，两人生前共生育2名子女，分别是长子段甲、次子段乙（残疾人）。其中，段甲为精神残疾人，其监护人为段甲之

子段小甲。段母于2011年8月17日去世，段父于2012年4月12日去世。段父、段母的父母均已先于二人去世。

段父生前名下登记有位于朝阳区富力城101号房产，现在市值350万元。2010年10月5日段父、段母通过遗嘱的方式对该房产进行了处理，将二人所有的房产均给段甲。

段父死亡后，段乙则对该《遗嘱》上段父与段母字迹的真实性不认可，起诉至法院要求继承101号房产。庭审中经法院委托司法鉴定所对段父笔迹进行鉴定，最终确认遗嘱是段父本人所写，但段乙又认为该《遗嘱》系段父的自书遗嘱，其只能就其个人财产作出处理，对属于母亲段母的财产份额的处分无效；

案件焦点：由段父书写，段父、段母共同签字确认的遗嘱是否有效。

裁判结果

判决房子归段甲，段甲给段乙70万元房屋补偿款。

案例评析

首先，涉诉房屋系段父、段母生前的夫妻共同财产，双方均有权通过遗嘱的方式处分其享有的财产份额。《遗嘱》内容虽然是段父所写，但该《遗嘱》上有段母签字，且段父与段母系夫妻关系，处分的又是双方的共同财产，故应认定段父与段母基于处分涉诉房屋的共同意思表示订立了一份遗嘱，而非段父为段母代书遗嘱，不应适用继承法中关于代书遗嘱的规定。因此，法院认定段母在《遗嘱》中对其财产份额的处分有效。

其次，段乙是残疾人，缺乏相应的劳动能力和生活来源，段父和段母在遗嘱中应为其保留必要的遗产份额，为此法院确定为涉诉房屋的五分之一。

法律依据

《中华人民共和国继承法》

第十七条第三款 代书遗嘱应当有两个以上见证人在场见证，由其中一人代书，注明年、月、日，并由代书人、其他见证人和遗嘱人签名。

第十九条 遗嘱应当对缺乏劳动能力又没有生活来源的继承人保留必要的遗产份额。

案例十一 腾退奖励金是承租人享有的福利待遇，不属于遗产，不能继承

——赵甲与赵乙房屋腾退补偿款继承纠纷案

基本案情

赵父与赵母二人育有2名子女：长子赵甲、次子赵乙。赵父在世期间分得公有住房一套，具体位置为房山区××小区401号房屋。赵父于1980年3月2日因死亡注销户口，赵母于2000年7月8日因死亡注销户口。2016年5月26日，赵乙与某公司管理处签订“某社区职工住房货币补贴发放协议书”，约定：上述住房货币补贴为504000元，同时赵乙可以提前腾退公房的奖励标准为30000元。同时，该协议书还对腾房时间等其他事项做了约定。2016年12月1日赵乙签订了“某社区住房补贴款领取承诺书”，内容为：某管理处：承诺人赵乙，是甲公司赵父的子女，其中，赵乙实际单独占有使用赵父所遗留在甲公司某社区一套公有住房。承诺人知悉本公司在执行401号住房分配方案期间针对全体该社区内的职工所发布的决定、决议以及搬迁要求，并无异议。考虑到以上情况，以及赵父的其他继承人无法联络的实际情况，承诺人为维护全体继承人的共同利益，决定作为甲公司职工继承人签署协议、领取补贴款，具体安排按照承诺人所签订的协议执行；同时，承诺人就上述安排承诺如下：承诺人签署协议领取补贴款之后，应自行负责处理与保管及依法分配与被继承人赵父财产有关的家庭事务，如有争议，与甲公司及其下属

管理部门无关，应由承诺人负责解决，否则，承诺人应当补偿由于违反承诺造成的甲公司的经济损失。后上述534000元均打在赵乙账户。现赵甲诉至法院，要求继承赵父住房腾房补贴款267000元，要求赵乙给付上述款项。赵乙辩称：涉案房屋不是产权房，是公租房，涉案房屋一直由赵乙居住，补偿款是针对赵乙的，还有搬走腾退奖励3万元也应归赵乙。

案件焦点：住房腾退补偿款和搬走腾退奖励金是否作为遗产继承。

裁判结果

判决赵乙向赵甲支付252000元腾退补偿款。

案例评析

涉案房屋系被继承人赵父所在单位在其生前分配的公有住房，赵父及妻子赵母先后去世，涉案房屋由赵乙继续使用。现房屋被收回，针对上述房屋给付腾退补偿款504000元以及腾退奖励30000元。关于腾退补偿款504000元，应作为赵父及赵母遗产在被继承人之间予以分割，赵甲、赵乙作为同一顺位继承人，上述遗产应在2人之间均等分配。关于30000元腾退奖励，因赵甲认可该奖励系针对赵乙，故该30000元归赵乙个人。

法律依据

《中华人民共和国继承法》

第十三条　同一顺序继承人继承遗产的份额，一般应当均等。

对生活有特殊困难的缺乏劳动能力的继承人，分配遗产时，应当予以照顾。

对被继承人尽了主要扶养义务或者与被继承人共同生活的继承人，分配遗产时，可以多分。

有扶养能力和有扶养条件的继承人，不尽扶养义务的，分配遗产时，应当不分或者少分。

继承人协商同意的，也可以不均等。

案例十二 股权作为被继承人的财产权发生继承时，继承人取得股权的同时就取得了股权所在公司的股东资格，但只能继承取得赠股的收益分红请求权

——张母与张某继承纠纷案

基本案情

张父与张母系夫妻，生育一子张某。2002 年张父与张母在某有限公司出资现金股权 10 万元。2008 年 6 月 12 日，考虑到张父为公司发展所做出的贡献，由公司股东会一致决议给予其赠股 20 万元，并通过修改公司章程约定该赠股可参加分红，但不享有其他权利。2012 年 8 月 27 日张父因病去世。张父死后，张母与张某因母子关系恶化，在分割张父遗产时产生争议，张母遂于 2013 年 3 月 10 日以分割遗产产生争议为由将张某诉至法院，请求分割张父的遗产。

案件焦点：20 万元赠股在张父死亡后所生收益是否属于可以继承的财产及各继承人是否可按继承比例继承。

裁判结果

判决被继承人张父在某有限公司拥有的股权 10 万元及因 20 万元赠股产生的分红收益，由张母享有 3/4 的份额、张某享有 1/4 的份额。

案例评析

在继承法律关系中，股权作为被继承人的财产权发生继承时，继承人取得股权的同时就取得了股权所在公司的股东资格。除非公司股东之间基于有限公司的人合性维持的需要，事先对股东资格的继承作出另外的约定，本案中被继承人张父在某有限公司拥有股权 10 万元，因某有限公司股东对股东资格并无其他约定，故依法应由张父的继承人张母、张某继承该股权后获得该

公司的股东资格，成为公司新的股东。这里应当注意的是，有限公司股权因继承所导致的股权权利人变更，不需以公司确认其股东资格为前提。继承开始后，继承人就当然取得作为被继承人遗产的股权，进而事实上获得股东资格并有权要求公司变更公司股东名册记载和进行工商变更登记。

公司赠股的对象一般是对公司作出突出贡献的特定人员和公司高级管理人员及技术人员等。其赠送的目的是让上述人员能够分享公司成长的收益，从而能长期留住员工，更好地为公司工作。由公司赠股的目的可推知，公司赠股有如下特征：第一，从赠股来源而言，公司给予特定人员一定比例的赠股，并非通过增发新股，调高注册资本的方式进行。也即赠股并未在公司注册资本的范围内。第二，从赠股有无对价而言，赠股的对象一般是公司中不可或缺的重要员工，其自身经济实力的局限性决定了其不可能以市场价购买该赠股。即便其有能力购买赠股，也会使赠股因支付对价而失去其本身的奖励意义。第三，赠股的权利范围有所限制。赠股的权利因其设立目的而受局限。赠股一般只享有分红权，而不享有普通股权持有者参与公司经营管理、行使表决权等共益性权利。从本案具体情况可知，我们认为张父持有的公司赠股 20 万元，属于上述典型的赠股形式。其理由在于：第一，某有限公司公司章程约定："该赠股可参加分红，但不享有其他权利。"即已表明该赠股的持有者除了参加分红并无其他股东权利。第二，张父取得该赠股时，并未支付相应对价，不属于公司已发行股权的有偿转让行为。第三，公司给张父的赠股，并未导致某有限公司的注册资本发生任何变化。第四，张父自身的持股比例也未因接受赠股而有所上升。

当出现公司赠股时约定了受赠人只参与分红，不因此而持有公司股权成为公司股东或因此而增加持股比例等附加条件等情形时，该赠股实为股东之间对分红方式的特别约定，本质上就是公司收益分红权。故张父的继承人张母、张某继承赠股实质上继承的仅为某有限公司收益分红请求权。相应地，继承人张母、张某继承该赠股不能按一般股权继承的方式因继承赠股而取得公司的股东资格或因此而取得更多的持股比例。

法律依据

《中华人民共和国继承法》

第二十六条第一款 夫妻在婚姻关系存续期间所得的共同所有的财产，除有约定的以外，如果分割遗产，应当先将共同所有的财产的一半分出为配偶所有，其余的为被继承人的遗产。

《中华人民共和国公司法》

第三十四条 股东按照实缴的出资比例分取红利；公司新增资本时，股东有权优先按照实缴的出资比例认缴出资。但是，全体股东约定不按照出资比例分取红利或者不按照出资比例优先认缴出资的除外。

第七十五条 自然人股东死亡后，其合法继承人可以继承股东资格；但是，公司章程另有规定的除外。

案例十三 人身保险金指定受益人，受益人先于被保险人死亡且没有其他受益人，保险金可作为被保险人的遗产为被保险人的继承人所继承

——吴某与王父继承纠纷案

基本案情

2015年王某向某保险公司投保了人身意外伤害险，保险金为20万元，保险期限为2年，并指定自己的10岁儿子小王为受益人。2016年，王某和小王在旅行途中发生意外死亡，王某的妻子吴某持保险单向保险公司索赔，保险公司经调查核实后，给付吴某保险金20万元。王某父亲王父（王某母亲王母于2000年已病逝）得知这一情况后，提出要与儿媳吴某一起继承这笔保险金，双方协商不成，王某父亲诉至法院。

案件焦点：20万元人身保险金能否作为王某遗产为继承人所继承。

裁判结果

判决20万元保险金由吴某、王父各继承10万元。

案例评析

根据我国保险法规有关条文规定的精神，人身保险金能否列入被保险人的遗产，取决于被保险人是否指定了受益人。指定了受益人的，被保险人死亡后，其人身保险金应付给受益人；未指定受益人的，被保险人死亡后，其人身保险金应作为遗产处理，可以用来清偿债务或者赔偿。本案具有一定的特殊性，即王某与其人身意外保险金的受益人小王同时出车祸死亡。此时王某与小王的死亡先后顺序就具有非常重要的意义。根据《中华人民共和国保险法》第四十二条规定，受益人与被保险人在同一事件中死亡，且不能确定死亡先后顺序的，推定受益人死亡在先。

法院推定小王先于王某死亡，依据是我国保险法，而不是根据《最高人民法院关于贯彻执行〈中华人民共和国继承法〉若干问题的意见》作出的判决。在王某没有遗嘱的情况下，其20万元人身意外保险金应作为遗产由其继承人配偶吴某、父亲王父继承。

法律依据

《最高人民法院关于贯彻执行〈中华人民共和国继承法〉若干问题的意见》

2. 相互有继承关系的几个人在同一事件中死亡，如不能确定死亡先后时间的，推定没有继承人的人先死亡。死亡人各自都有继承人的，如几个死亡人辈份不同，推定长辈先死亡；几个死亡人辈份相同，推定同时死亡，彼此不发生继承，由他们各自的继承人分别继承。

《中华人民共和国保险法》

第四十二条 被保险人死亡后，有下列情形之一的，保险金作为被保险人的遗产，由保险人依照《中华人民共和国继承法》的规定履行给付保险金的义务：

（一）没有指定受益人，或者受益人指定不明无法确定的；

（二）受益人先于被保险人死亡，没有其他受益人的；

（三）受益人依法丧失受益权或者放弃受益权，没有其他受益人的。

受益人与被保险人在同一事件中死亡，且不能确定死亡先后顺序的，推定受益人死亡在先。

案例十四 公证遗嘱将房屋处分给他人后，又以补偿协议的形式同意将房屋拆迁，导致遗嘱中房屋的灭失，公证遗嘱丧失相应的法律效力

——王甲与王乙继承纠纷案

基本案情

王父与王母（已于1988年12月7日死亡）系夫妻关系，二人生前共生育王甲、王乙二人。原坐落北京市朝阳区光华里13号筒楼一幢系被继承人王父、王母所有。1986年7月15日，被继承人王父、王母对上述房屋办理析产公证手续。同日，被继承人王父、王母向公证机关办理公证遗嘱，明确：上列房屋中属被继承人王父、王母所有的遗产，由王甲继承。1990年，王乙在王母死亡后曾向原北京市朝阳区人民法院提起诉讼，要求继承王母遗留在原坐落北京市朝阳区光华里13号筒楼一幢中属王母所有的遗产。在该案审理过程中，王乙得知王母在办理公证遗嘱中已排除王乙的继承权后，向该院申请撤回诉讼，获准许。之后，王乙与被继承人王父及王甲断绝往来。1997年9月，原坐落北京市朝阳区光华里13号筒楼一幢被案外人北京市朝阳区城市建设综合开发有限公司动拆迁，动迁单位将坐落北京市朝阳区金台里×号院24号101室安置给被继承人王父和王甲两人居住使用。之后，被继承人王父通过置换的方式取得系争房屋，并由被继承人王父租赁、使用。2001年3月，被继承人王父与王甲经协商后，由王甲出资人民币13250元，并利用被继承

人王父的工龄，将系争房屋之产权予以购置。系争房屋所有权购置后，被继承人王父与王甲将系争房屋权利人登记为被继承人王父和王甲两人按份共有（各占二分之一）。2005 年 2 月 3 日，被继承人王父与王甲对系争房屋的具体居住、使用及水电费和物业费等承担达成相关协议。由于被继承人王父年老多病，被继承人王父多次住入相关医院进行治疗，被继承人王父的日常生活和护理均由王甲负责照料。2005 年 7 月 15 日，被继承人王父写下字据，言明：我的长子王甲，我死前结余人民币 9 万元正和金手戒（注为金戒指）三只统统归王甲一人所有，请居委留名作保。2006 年 6 月 21 日，被继承人王父死亡，被继承人王父之父母均先于王父死亡。被继承人王父死亡后，王甲为办理丧事，共花用 13446 元。2008 年 12 月王乙起诉要求继承坐落北京市朝阳区金台里×号院 24 号 101 室（以下简称系争房屋）中属被继承人王父所有的遗产份额。

案件焦点：遗嘱中的房屋被拆迁，所获安置房或补偿款能否继续按照遗嘱内容发生继承。

裁判结果

判决坐落北京市朝阳区金台里×号院 24 号 101 室房屋中属被继承人王父所有的遗产，由王甲继承所有；王甲应自判决生效之日起十日内给付王乙被继承人王父遗产折价款人民币 9.7 万元。

案例评析

虽然被继承人在 1986 年通过公证机关办理了遗嘱公证，但是该公证遗嘱所注明的标的物已于 1997 年被有关单位动拆迁而灭失，而被继承人王父在公证遗嘱标的物灭失后，并未另行办理相关公证遗嘱的变更，故该公证遗嘱已失去相应的法律效力。对于被继承人王父于 2005 年 2 月 3 日与王甲达成的《购买公房协议书》是否系被继承人王父对系争房屋中属王父所有之份额作出处分的问题，虽然王甲与被继承人王父在该协议书上约定系争房屋的实际产权人为王甲，但是，根据法律规定，不动产权属以不动产登记机关的登记为准，而系争房屋所有权人登记为王甲与被继承人王父两人按份共有。况且，王甲与被继承人王父在购置系争房屋产权时所达成的《职工家庭购买公有住房协议书》上明确注明系争房屋所有权为王甲与被继承人王父共有。另外，根据法律规定，遗嘱是公民将其所有的合法财产指定由法定继承人的一人或者数人继承，或者将其个人合法财产赠与国家、集体和法定继承人以外的人。立遗嘱是一种单方法律行为。根据法律规定，遗嘱未处分的遗产，由其法定继承人予以继承。此外，由于系争房屋属王甲与被继承人王父共有，故在分割遗产时，应先析出为王甲所有之部分及王甲为购置系争房屋产权而支付的钱款；剩余部分，由被继承人王父的法定继承人予以继承。本案中，王甲、王乙系被继承人王父所生之子女，均属同一顺序继承人，故享有同等的继承权。根据法律规定，法定继承人对被继承人尽了主要赡养义务或者与被继承人共同生活的，分配遗产时，可以多分；有扶养能力和扶养条件的继承人，不尽扶养义务的，分配遗产时，应当不分或少分。对于被继承人王父尚未处分的遗留在系争房屋中属被继承人王父所有之遗产具体分割，应当有利于生产和生活需要，不损害遗产的效用；不宜分割的遗产，可以采取折价、适当补偿的方法予以处理。由于系争房屋为王甲与被继承人王父共有，故系争房屋中属被继承人王父之遗产部分，由王甲继承，王甲给付王乙相应的折价款。

法律依据

《中华人民共和国继承法》

第十条 遗产按照下列顺序继承：

第一顺序：配偶、子女、父母。

第二顺序：兄弟姐妹、祖父母、外祖父母。

继承开始后，由第一顺序继承人继承，第二顺序继承人不继承。没有第一顺序继承人继承的，由第二顺序继承人继承。

本法所说的子女，包括婚生子女、非婚生子女、养子女和有扶养关系的继子女。

本法所说的父母，包括生父母、养父母和有扶养关系的继父母。

本法所说的兄弟姐妹，包括同父母的兄弟姐妹、同父异母或者同母异父的兄弟姐妹、养兄弟姐妹、有扶养关系的继兄弟姐妹。

第十三条 同一顺序继承人继承遗产的份额，一般应当均等。

对生活有特殊困难的缺乏劳动能力的继承人，分配遗产时，应当予以照顾。

对被继承人尽了主要扶养义务或者与被继承人共同生活的继承人，分配遗产时，可以多分。

有扶养能力和有扶养条件的继承人，不尽扶养义务的，分配遗产时，应当不分或者少分。

继承人协商同意的，也可以不均等。

第二十六条 夫妻在婚姻关系存续期间所得的共同所有的财产，除有约定的以外，如果分割遗产，应当先将共同所有的财产的一半分出为配偶所有，其余的为被继承人的遗产。

遗产在家庭共有财产之中的，遗产分割时，应当先分出他人的财产。

第二十九条 遗产分割应当有利于生产和生活需要，不损害遗产的效用。

不宜分割的遗产，可以采取折价、适当补偿或者共有等方法处理。

《国有土地上房屋征收与补偿条例》

第二十五条第一款 房屋征收部门与被征收人依照本条例的规定，就补偿方式、补偿金额和支付期限、用于产权调换房屋的地点和面积、搬迁费、临时安置费或者周转用房、停产停业损失、搬迁期限、过渡方式和过渡期限等事项，订立补偿协议。

《最高人民法院关于贯彻执行〈中华人民共和国继承法〉若干问题的意见》

39. 遗嘱人生前的行为与遗嘱的意思表示相反，而使遗嘱处分的财产在继承开始前灭失，部分灭失或所有权转移、部分转移的，遗嘱视为被撤销或部分被撤销。

案例十五 夫妻之间的婚内财产分割协议，优先适用婚姻法，物权法的不动产登记原则不应影响婚内财产分割协议关于房屋权属约定的效力

——唐甲与唐乙、唐母法定继承纠纷案

基本案情

唐父与唐母系夫妻关系，二人生育一子唐乙。唐父与前妻曾生育一女唐甲，离婚后由其前妻抚养。唐父的父母均早已去世。

2010年10月2日，唐父与唐母签订《分居协议书》，双方约定："唐父、唐母的感情已经破裂。为了不给儿子心灵带来伤害，我们决定分居。双方财产作如下分割：现在X和Y的房子归唐母拥有。唐母可以任何方式处置这些房产，唐父不得阻挠和反对，并有义务协办相关事务。湖光中街和花家地的房产归唐父所有。唐父可以任何方式处置这些房产，唐母不得阻挠和反对，并有义务协办相关事务。儿子唐乙归唐父所有，唐父承担监护、抚养、教育之责。唐母每月付生活费5000元。双方采取离异不离家的方式解决感情破裂的问题。为了更好地达到效果，双方均不得干涉对方的私生活和属于个人的事务。"唐父于2011年9月16日在外地出差期间猝死，未留下遗嘱。唐父名下财产有位于北京市朝阳区×房屋等多处房产、银行存款、轿车等，其中×房屋约定为唐母个人财产，因为贷款尚未还清，所以没有办理变更登记。2012年11月28日，北京民生物证司法鉴定所出具司法鉴定意见书，鉴定意见为该《分居协议书》上唐父签名为其本人所签。唐甲对×房屋分割持有异议，遂诉至法院请求依法继承。

案件焦点：×房屋的权属问题及其应否作为唐父的遗产予以继承。

裁判结果

判决位于北京市朝阳区×房屋归唐母所有，并由唐母偿还剩余贷款。

案例评析

解决该争议焦点的关键在于厘清以下三个问题：

第一，唐父与唐母于2010年10月2日签订的《分居协议书》的法律性质。

本案中唐父与唐母签订的《分居协议书》是婚内财产分割协议，而非离婚财产分割协议。理由如下：

首先，从《分居协议书》内容来看，唐父与唐母虽认为彼此感情已经破裂，但明确约定为不给儿子心灵带来伤害，采取“离异不离家”的方式解决感情破裂问题，双方是在婚姻关系存续的基础上选择以分居作为一种解决方式并对共同财产予以分割，并非以离婚为目的而达成财产分割协议。其次，从文义解释出发，二人所签《分居协议书》中只字未提“离婚”，显然不是为了离婚而对共同财产进行分割，相反，双方在协议书中明确提出“分居”“离异不离家”，是以该协议书来规避离婚这一法律事实的出现。最后，婚姻法第十九条第一款对夫妻约定财产作出明确规定：“夫妻可以约定婚姻关系存续期间所得的财产以及婚前财产归各自所有、共同所有或部分各自所有、部分共同所有。约定应当采用书面形式。没有约定或者约定不明确的，适用本法第十七条、第十八条的规定。”本案所涉及的《分居协议书》中，唐父与唐母一致表示“对财产作如下分割”，该约定系唐父与唐母不以离婚为目的对婚姻关系存续期间所得财产作出的分割，应认定为婚内财产分割协议，是双方通过订立契约对采取何种夫妻财产制所作的约定。

第二，本案对优先适用物权法还是婚姻法的相关法律规定存在争议。

解决该问题首先要厘清物权法与婚姻法在调整婚姻家庭领域内财产关系时的衔接与适用问题，就本案而言，应以优先适用婚姻法的相关规定处理为宜。理由如下：

物权领域，法律主体因物而产生联系，物权法作为调整平等主体之间因物之归属和利用而产生的财产关系的基础性法律，重点关注主体对物的关系，其立法旨在保护交易安全以促进资源的有效利用。而婚姻法作为身份法，旨在调整规制夫妻之间的人身关系和财产关系，其中财产关系则依附于人身关系而产生，仅限于异性之间或家庭成员之间因身份而产生的权利义务关系，不体现直接的经济目的，而是凸显亲属共同生活和家庭职能的要求。故婚姻法关于夫妻子女等特别人伦或财产关系的规定不是出于功利目的创设和存在，而是带有“公法”意味和社会保障、制度福利的色彩，将保护“弱者”和“利他”价值取向直接纳入权利义务关系的考量。

因此，婚姻家庭的团体性特点决定了婚姻法不可能完全以个人为本位，必须考虑夫妻共同体、家庭共同体的利益，与物权法突出个人本位主义有所不同。本案中，唐父与唐母所签协议关于×房屋的分割，属于夫妻内部对财产的约定，不涉及家庭外部关系，应当优先和主要适用婚姻法的相关规定，物权法等调整一般主体之间财产关系的相关法律规定应作为补充。

第三，物权法上的不动产登记公示原则在夫妻财产领域中是否具有强制适用的效力。

唐父与唐母所签《分居协议书》已经确定×房屋归唐母一人所有。虽仍登记在唐父名下，并不影响双方对上述房屋内部处分的效力。理由如下：

物权法以登记作为不动产物权变动的法定公示要件，赋予登记以公信力，旨在明晰物权归属，保护交易安全和交易秩序，提高交易效率。但实践中，由于法律的例外规定、错误登记的存在、法律行为的效力变动、当事人的真实意思保留以及对交易习惯的遵从等原因，存在大量欠缺登记外观形式，但依法、依情、依理应当给予法律保护的事实物权。物权法第二十八条至第三十条对于非基于法律行为所引起的物权变动亦进行了例示性规定，列举了无须公示即可直接发生物权变动的情形。当然，这种例示性规定并未穷尽非因法律行为而发生物权变动的所有情形，婚姻法及其司法解释规定的相关情形亦应包括在内。

在夫妻财产领域，存在大量夫妻婚后由一方签订买房合同，并将房屋产权登记在该方名下的情形，但实际上只要夫妻之间没有另行约定，双方对婚后所得的财产即享有共同所有权，这是基于婚姻法规定的法定财产制而非当事人之间的法律行为。因为结婚作为客观事实，已经具备了公示特征，无须另外再为公示。而夫妻之间的约定财产制，是夫妻双方通过书面形式，在平等、自愿、意思表示真实的前提下对婚后共有财产归属作出的明确约定。此种约定充分体现了夫妻真实意愿，系意思自治的结果，应当受到法律尊重和保护，故就法理而言，亦应纳入非依法律行为即可发生物权变动效力的范畴。因此，当夫妻婚后共同取得的不动产物权归属发生争议时，应当根据不动产物权变动的原因行为是否有效、有无涉及第三人利益等因素进行综合判断，不宜以产权登记作为确认不动产权属的唯一依据，只要有充分证据足以确定该不动产的权属状况，且不涉及第三人利益，就应当尊重夫妻之间的真实意思表示，按照双方达成的婚内财产分割协议履行，优先保护事实物权人。需要指出的是，此处的第三人主要是相对于婚姻家庭关系外部而言，如夫妻财产涉及向家庭以外的第三人处分物权，就应当适用物权法等调整一般主体之间财产关系的相关法律规定。而对于夫妻家庭关系内的财产问题，应当优先适用婚姻法的相关规定。

本案中，《分居协议书》约定“×房屋归唐母拥有，唐母可以任何方式处置这些房产，唐父不得阻挠和反对，并有义务协办相关事务”。该协议书系唐父与唐母基于夫妻关系作出的内部约定，是二人在平等自愿的前提下协商一致对家庭财产在彼此之间进行分配的结果，不涉及婚姻家庭以外的第三人利益，具有民事合同性质，对双方均具有约束力。×房屋并未进入市场交易流转，其所有权归属的确定亦不涉及交易秩序与流转安全。故唐甲虽在本案中对该约定的效力提出异议，但其作为唐父的子女并非《物权法》意义上的第三人。因此，虽然×房屋登记在唐父名下，双方因房屋贷款之故没有办理产权过户登记手续，但物权法的不动产登记原则不应影响婚内财产分割协议关于房屋权属约定的效力。且结合唐父与唐母已依据《分居协议书》各自占有、使用、管理相应房产之情形，应当将×房屋认定为唐母的个人财产，而非唐父之遗产予以法定继承。

法律依据

《中华人民共和国物权法》

第九条 不动产物权的设立、变更、转让和消灭，经依法登记，发生效力；未经登记，不发生效力，但法律另有规定的除外。

依法属于国家所有的自然资源，所有权可以不登记。

《中华人民共和国婚姻法》

第十九条 夫妻可以约定婚姻关系存续期间所得的财产以及婚前财产归各自所有、共同所有或部分各自所有、部分共同所有。约定应当采用书面形式。没有约定或约定不明确的，适用本法第十七条、第十八条的规定。

夫妻对婚姻关系存续期间所得的财产以及婚前财产的约定，对双方具有约束力。

夫妻对婚姻关系存续期间所得的财产约定归各自所有的，夫或妻一方对外所负的债务，第三人知道该约定的，以夫或妻一方所有的财产清偿。

《中华人民共和国继承法》

第五条 继承开始后，按照法定继承办理；有遗嘱的，按照遗嘱继承或者遗赠办理；有遗赠扶养协议的，按照协议办理。

第八章　分家析产纠纷

导读

分家析产是指一个家庭要分开居住，要对家庭共同财产进行分割。

分家与析产是两个不同的概念，所谓分家是将一个较大的家庭根据分家协议而分成几个较小的家庭。所谓析产又称财产分析，是指财产共有人通过协议的方式，根据一定的标准，将共同财产予以分割，而分属各共有人所有。分家析产应注意把家庭财产和家庭成员的个人财产区分清楚和要根据公平合理的原则，分割家庭共有财产。

财产继承发生在被继承人死亡之时，被继承人死亡，其近亲属依据死亡人生前留下的，没有遗嘱的按法律规定而发生的、由继承人依法无偿占有该财产的活动；而分家析产，是家庭成员间的矛盾、纠纷或其他原因，不愿意再继续共同生活在一起而对家庭中的家庭共有财产进行分割处分的活动。但是，在现实生活中，一个大家庭的主事家长去世之后，家庭成员之间往往会发生继承和分家析产两种活动，应如何进行这两种活动呢？首先，应区分家庭共有财产和老人的个人合法财产，两种不同性质的财产区分开来之后，分别进行继承活动和分家析产活动。其次，确定继承活动的参与人和分家析产的参与人。

分家析产只能是分割家庭共有财产，属于家庭成员的个人财产是不在分割范畴的。对家庭共有财产的分割，特别是对某些生产、劳动工具、设备等财产的分割，要尽可能有利于生产，有利于发挥家庭成员各自的专长。对于某些特定的不便分割的财产，也可以特别协议的方式作变通处理，以充分发挥该项的效用。分家析产直接关系到家庭成员今后生活安排的问题，因此，应当通过订立分家析产协议书的形式进行，这样，就不至于在分家后因某项财产产权的归属不清发生纠纷。

案例一　出资装修房屋，无法取得房屋所有权；出资新建房屋，分家时可以多分房屋
——赵甲、段甲等分家析产纠纷案

基本案情

赵甲与段甲为夫妻关系，二人共有子女三人，分别为赵一、段一、段二。段甲于2005年去世。赵甲与段甲夫妻关系存续期间，有正房八间和西厢房三间。其中，正房八间主体结构是赵甲夫妇所建，除了主体结构，八间正房的房顶、房瓦、门窗、外墙保温、外墙瓷砖、所有内部装修都是段一夫妇出资翻建。西厢房三间系段一夫妇所建，砖、沙子、水泥、房顶、门窗、内部全部装修都是由段一夫妇出资所建。此外，院子内，院墙、大门、院子水泥地面均是段一夫妇出资出力所建。段甲过世后，赵甲长期居住在正房东数三间中。后段一夫妇起诉至法院，要求确认分家。

案件焦点：装修行为属于添附行为，能否以此取得房屋的所有权。

裁判结果

法院经审理判决正房东数五间应归赵甲，东数第六、七、八间依次归赵一、段二、段一所有。宅院内的西厢房南数二间归段一所有，南数第三间归赵甲、赵一、段二共同所有。

案例评析

根据我国法律的规定无产权人在产权人的房屋上增添附属物，需要征求产权人的同意，涉及附属物拆迁的问题需要二人协商解决，但是附属物不会影响该物权的归属问题。本案中，段甲于2005年去世，其第一顺序继承人为妻子赵甲、长女赵一、次女段二、儿子段一。正房八间系赵甲、段甲夫妇所建，故应属于该二人的夫妻共同财产，其中的一半应归赵甲所有，剩余的一

半作为段甲的遗产由各继承人继承。

法律依据

《中华人民共和国继承法》

第十条 遗产按照下列顺序继承：

第一顺序：配偶、子女、父母。

第二顺序：兄弟姐妹、祖父母、外祖父母。

继承开始后，由第一顺序继承人继承，第二顺序继承人不继承。没有第一顺序继承人继承的，由第二顺序继承人继承。

本法所说的子女，包括婚生子女、非婚生子女、养子女和有扶养关系的继子女。

本法所说的父母，包括生父母、养父母和有扶养关系的继父母。

本法所说的兄弟姐妹，包括同父母的兄弟姐妹、同父异母或者同母异父的兄弟姐妹、养兄弟姐妹、有扶养关系的继兄弟姐妹。

《最高人民法院关于贯彻执行〈中华人民共和国民法通则〉若干问题的意见（试行）》

86. 非产权人在使用他人的财产上增添附属物，财产所有人同意增添，并就财产返还时附属物如何处理有约定的，按约定办理；没有约定又协商不成，能够拆除的，可以责令拆除；不能拆除的，也可以折价归财产所有人；造成财产所有人损失的，应当负赔偿责任。

案例二 无房产证的房屋，分家析产时，无法分割房屋所有权，只能确定房屋居住权

——朱某诉李某分家析产纠纷案

基本案情

朱某与李某原系夫妻，双方于2006年登记结婚，双方均系再婚，婚后生

一子李甲。李某之父为李伯伯，之母为李阿姨。某镇某村1号院（以下简称1号院）系李某的祖业产，该院分东、西两院，朱某与李某结婚时该院内已有若干房屋系李某父母所建。李某与朱某结婚后在1号院东院居住。并且二人婚后在1号院东院内外有翻建及新建房屋。

因该村实施宅基地腾退搬迁改造工作，2011年10月李某与某置业有限公司签订《腾退补偿协议》及《定向安置房置换协议》，约定：李某腾退的有效宅基地地址某村1号，有效宅基地面积300平方米；安置人口三人，分别为李某、李甲、朱某；李某置换、购买该村定向安置房4套，分别为A房屋、B房屋、C房屋、D房屋；某安置公司共计应付李某腾退补偿、补助、奖励款共计二百万元。李某领取了上述腾退款。4套安置房现已交付李某，均未办理产权登记。

2015年，朱某起诉李某离婚，法院经审理于2015年12月出具判决书判决准予双方离婚，双方婚生子李甲由朱某抚养。因离婚诉讼时李某尚未接收4套安置房，且4套安置房中涉及离婚诉讼案外人的财产份额，故法院对4套安置房在离婚诉讼中未予处理。后双方因财产纠纷，再次起诉到法院。

案件焦点：李某、朱某离婚后对于补偿的4套安置房涉及案外人财产，应当如何来处理，不动产是否可以由两个以上个人共有？

裁判结果

法院经审理判决定向安置房A房屋、B房屋由朱某、李甲共同居住使用；定向安置房C房屋、D房屋由李某居住使用。

案例评析

分家析产是指一个家庭要分开居住，要对家庭共同财产进行分割，分家析产只能是分割家庭共有财产，属于家庭成员的个人财产是不属于分割范畴的。本案中要分割的房产涉及案外人的财产，故朱某、李甲要求上述4套安置房均判归朱某、李甲所有的请求无法得到法院的支持。

法律依据

《最高人民法院关于人民法院审理离婚案件处理财产分割问题的若干具体意见》

20. 离婚时夫妻共同财产未从家庭共同财产中析出，一方要求析产的，可先就离婚和已查清的财产问题进行处理，对一时确实难以查清的财产的分割问题可告知当事人另案处理；或者中止离婚诉讼，待析产案件审结后再恢复离婚诉讼。

案例三 已有宅基地的子女，父母房屋拆迁时，其无权获得拆迁补偿款及安置房

——温父、温母、温一等分家析产纠纷

基本案情

温父、温母夫妇共育有三个儿子，即长子温一、次子温二、三子温三。温一与杨某系夫妻关系，二人于1993年结婚，于1998年补办结婚登记手续。温二与王某系夫妻关系，二人于1996年登记结婚，田某和温三系夫妻关系。温父、温母二人在A村有一处宅院，即2号院。温某夫妇及三个儿子原共同居住生活在2号院，温一结婚后亦在2号院居住生活，1996年温二结婚时，温一便搬离2号院在本村租房居住；温二婚后在2号院居住了6—10个月，后亦在外租房居住生活。1997年左右，温父、温母在未经合法审批的情况下在A村村西公路边建造了路边房，包括北房4间、临街东厢房4间、西棚子4间。之后，温二夫妻二人与父母温父、温母、田某即在路边房居住生活，温一、杨某夫妻二人便搬回2号院居住生活，温三一直跟随父母居住生活（其间曾在外服刑）。2007年左右，温一、温二各自向A村申请了一处宅基地。2008年，温二出资先建造了房屋，即南街3号院；温一亦于同年出资建造了房屋，即南庄街4号院。之后，温一、温二即搬到各自的院落居住生活，2号

院便主要由温某夫妇、田某和温三管理使用。

2号院东西长18米、南北长34米。2号院内原有北房5间，系温某、田某于1982年至1986年建造。2009年左右，2号院内北房5间东侧新建1间门道。2011年，温某家在未取得审批手续的情况下，在2号院内原有北房南侧新建东西厢房各3间、北数第二排北房6间。建房出资情况各执一词，具体情况不明确。

2011年2月，温某家签订分家协议，约定：温父、温母夫妇生有三子，现有住房两处，西边公路边住房归二位老人所有，村内南庄街2号住房归温三使用，如遇拆迁A村2号院的所有财产归三人共有，回迁房补偿面积归温三所有。

2015年七、八月，A村因建设征地拆迁，2号院在拆迁范围内。拆迁时，经村、镇两级确权，2号院的产权人为温某，登记家庭成员有温父、温母、温三。拆迁后，温一、杨某、温二、王某与温三、温父、温母就2号院拆迁款的分配产生争议。温一、杨某主张按照分家协议的约定，所有拆迁利益应均分三份，由其取得一份；温二、王某亦主张其应取得其中三分之一；温三称分家协议约定的2号院拆迁利益归其与父母所有。经调查，2号院并无宅基地使用权人变更情况。

案件焦点：温一、杨某及温二、王某是否享有A村2号院落的拆迁利益及具体的拆迁利益范围。

裁判结果

法院经审理判决温某夫妇、温三应给付温一、杨某A村2号院拆迁所得的拆迁补偿款共计15万元；温某夫妇、温三应给付温二、王某A村2号院拆迁所得的拆迁补偿款共计15万元。

案例评析

共同共有人对共有的财产依法享有共同的权利，在共同共有关系终止时，对共有财产的分割，有协议的按协议处理；没有协议的应当按等分原则，并考虑共有人对共有财产的贡献大小，适当照顾共有人生产生活的实际需要等因素予以处理。本案中，2011 年签订分家协议，约定 2 号住房归温三使用，但并未约定房屋所有权归属；另，分家协议中载明“拆迁后 2 号院所有财产归三人共有”，此处的所有财产应包括房屋的拆迁利益，根据分家协议整体文字内容，结合农村传统分家主要是给儿子分配家产、约定父母轮班赡养的实际，且分家协议中父母“遇重大疾病由三人共同承担”的内容，可以得知三人应是温一、温二、温三三兄弟；故温一、温二、温三均享有 2 号院的拆迁利益。

法律依据

《中华人民共和国土地管理法》

第六十二条第一款至第二款 农村村民一户只能拥有一处宅基地，其宅基地的面积不得超过省、自治区、直辖市规定的标准。

农村村民建住宅，应当符合乡（镇）土地利用总体规划，并尽量使用原有的宅基地和村内空闲地。

《中华人民共和国合同法》

第四十四条第一款 依法成立的合同，自成立时生效。

第六十条 当事人应当按照约定全面履行自己的义务。

当事人应当遵循诚实信用原则，根据合同的性质、目的和交易习惯履行通知、协助、保密等义务。

案例四 家庭内部签订的拆迁补偿协议是参与人真实意思表示，应具有法律效力，与拆迁人是否取得拆迁利益无关

——秦某、何某与何甲、何乙、何丙分家析产纠纷案

基本案情

何甲、何丙系兄妹关系，何乙系何丙二哥、何甲二弟，秦某、何某为其

三兄妹父母。1986年秦某、何某与何甲、何乙签订分居（家）协议书，将名下位于A镇B村的宅基地和其他家产全部分予二子，当时何丙尚未成年未分得任何家产。分家后，何甲、何乙将原宅基地登记在各自名下，分别为B村8号和9号。秦某、何某夫妇由两子轮流赡养。

2016年，因B村涉及拆迁，秦某、何某在此次拆迁中能享有以低价购买100平方米安置房的拆迁待遇。就如何分配该拆迁待遇，秦某、何某与何甲、何乙、何丙于同年5月签订协议，内容为：拆迁费，何甲付给何丙20万元，何乙付给何丙20万元；拆迁费与何丙没有任何关系，以后老人房产哥俩平分。后B村完成拆迁，何乙于同年10月将20万元拆迁款给付何丙。何甲、何乙对如何分配该100平方米拆迁待遇未能达成一致。何甲认为协议中明确表述，何甲应当给付何丙的是“拆迁款”，而非现金或其他财产。既然给付标的为拆迁款，理应以何甲拿到拆迁款或与之有关的其他财产权益为前提。为此诉至法院。

案件焦点：何甲、何乙二人同意分别支付何丙20万元拆迁款应在何时支付？其三人签署的补偿协议与拆迁利益是否有关。

裁判结果

法院经审理判决何甲应给付何丙拆迁补偿款20万元。

案例评析

依法成立的合同，对当事人具有法律约束力，当事人应当按照约定履行自己的义务。本案中，何甲认为此案不是分家析产纠纷而是因拆迁产生的合同纠纷且存在履行的前提条件。在此案例中，何丙并未对何甲于1986年所分得的宅基地因拆迁所获利益主张权利，而是依据双方签订的协议，此案的请求给付基础并不影响协议的效力和何丙依协议主张权利。

法律依据

《中华人民共和国合同法》

第四十四条第一款 依法成立的合同，自成立时生效。

第六十条 当事人应当按照约定全面履行自己的义务。

当事人应当遵循诚实信用原则，根据合同的性质、目的和交易习惯履行通知、协助、保密等义务。

案例五 被继承人立遗嘱将财产分给部分法定继承人，其他法定继承人不能以分家析产为理由否认遗嘱行为

——解某、鲁某、解甲、解乙、解丙分家析产纠纷案

基本案情

解某与鲁某系夫妻关系，二人婚后生育有解甲、解乙、解丙三个子女。解某于2011年8月去世。解某与鲁某在婚后购买有2单元203号房屋、4单元203号房屋，现均登记在解某名下。

2006年3月，解某、鲁某经A市公证处公证，作出公证遗嘱，载明2单元203号房屋、4单元203号房屋系其夫妻共同财产；解某在其去世后，将上述两套房产中本人的份额留给其大女儿解乙个人所有。解甲、解丙主张解某在公证遗嘱时没有行为能力，持有解某在1998年4月至1998年5月、2001年4月、2001年7月至2001年8月的住院病历。上述病历显示解某住院治疗。经查明，解某于其家中经公证处人员作出遗嘱公证，其思维清晰、言谈清晰准确。

解甲、解丙认为：鲁某、解乙请求给付的基础是分家析产，其目的是想要把房屋分割清楚，其要求房屋归解乙所有，不合法，此情况不是继承，不能在此案中办理遗嘱继承；解某在办理公证遗嘱时没有行为能力，遗嘱不具有合法性，对遗嘱效力不予认可；遗嘱没有给没有收入来源、劳动能力的鲁

某留有必要的份额，因此该遗嘱不具有法律效力；解某应该还有存款，要求依法分割，鲁某、解乙隐瞒遗嘱和其他遗产，是转移、隐瞒财产的行为，因此在分割遗产的时候应该少分或不分。

案件焦点：解某生前对于上述房屋中属于其所有的份额在公证遗嘱中已经做出处理，故上述房屋中属于解某的份额应归解乙所有，其他子女是否可以分家析产为由予以否认。对于解某、鲁某名下存款，因解某对此并无遗嘱，故按照法定继承处理。

裁判结果

法院经审理判决解某名下房产 2 单元 203 号房屋、4 单元 203 号房屋归解乙所有；解某名下在中国工商银行、北京银行内的存款以及鲁某名下在中国工商银行、北京银行内的存款均归鲁某所有；鲁某应给付解甲、解丙每人各 19000 元。

案例评析

遗产是公民死亡时遗留的个人合法财产。继承从被继承人死亡时开始。夫妻在婚姻关系存续期间所得的共同所有的财产，除有约定的以外，如果分割遗产，应当先将共同所有财产的一半分出为配偶所有，其余的为被继承人的遗产。本案中，解某之丧葬费、抚恤金系解某死亡后所发生的财产，故不能作为其遗产。但是该部分费用系发放给其近亲属，因该笔费用已有部分支出、部分转存入鲁某名下存折中，故考虑双方当事人利益对此应合理分割。而 2 单元 203 号房屋、4 单元 203 号房屋及解某、鲁某名下存款（扣除丧葬费、抚恤金）均系其夫妻共同财产，故上述财产中解某对之享有一半的所有权。

法律依据

《中华人民共和国继承法》

第十六条　公民可以依照本法规定立遗嘱处分个人财产，并可以指定遗嘱执行人。

公民可以立遗嘱将个人财产指定由法定继承人的一人或者数人继承。

公民可以立遗嘱将个人财产赠给国家、集体或者法定继承人以外的人。

案例六　分家析产协议签订后，未取得房屋份额的一方不能主张获得因房屋拆迁而获得的补偿款

——周老伯、张阿姨与周甲、周乙、周丙分家析产纠纷案

基本案情

张阿姨与周老伯于1953年结婚，婚后二人生育3名子女，即周甲、周乙、周丙。现有6号院内建有北房3间半，因归属不明，2005年3月，周老伯、周甲、周乙签订“翻建新房家庭三方协议”，约定：“经父母、二子周甲、周乙三方协商达成如下协议，拆除旧房前父母现有旧房三间半。旧房拆除翻建新房所加一切费用由周乙出资承担，父母及大哥周甲不出任何费用，房子建好后父母有永久居住权，不再由大哥周甲承担父母住房，在父母有生之年，住房问题永远由周乙及晚辈解决，任何人不得以任何理由取消二老住房权利。本房建完后产权归出资人周乙所有”；上述协议，由周老伯、周甲、周乙签字确认；经询问，张阿姨陈述称，签订协议时其在场，认可该协议；周丙陈述称，签订协议时其并未在场，但认可该协议；张阿姨主张周乙并未依协议翻建房屋，并有证人张某、证人周某、证人郭某的书面证言。

2010年5月，张阿姨与周乙签订“D镇C村规划拆迁前协议书”，张阿姨同样享有永久居住权，楼房一套，按人头户口政府给的人头款归张阿姨独立所有，独立支配，任何人不得干预。后张阿姨所居住的6号院被拆迁，2010年7月，A市某公司（甲方、拆迁人）、张阿姨（乙方、被拆迁人，张阿姨授权周乙代办拆迁事宜）签订拆迁补偿协议及补充协议；根据拆迁协议所确定的全部拆迁利益（折合货币为130万元）均由周乙取得，张阿姨将周乙起诉至法院。

案件焦点：对“翻建新房家庭三方协议”，各家庭成员或者在协议上签字确认，协议中未约定周老伯及张阿姨对于房产的份额，房屋拆迁后其是否享有拆迁补偿的权利。张阿姨夫妇系被拆迁的6号院内房屋的所有权人，请求依法分割6号院的拆迁利益（含位于A市×室的回迁安置房及90万元拆迁补偿款）。

裁判结果

法院经审理判决周乙给付张阿姨拆迁补偿款五万元。张阿姨主张的其他请求不能得到支持。

案例评析

家庭共有财产是指家庭全体成员共同共有的财产，它包括共有劳动所得的合法收入，共同积累的储蓄，共同建造的房屋，共同所有的生活用品和生活资料，共同享有的债权和共同负担的债务，以及其他共有的财产；对于直接参与了家庭共有财产积累的家庭成员，应当肯定他们对家庭共有财产的权利；当事人对自己提出的诉讼请求所依据的事实或者反驳对方诉讼请求所依据的事实有责任提供证据加以证明，没有证据或者证据不足以证明当事人的事实主张的，由负有举证责任的当事人承担不利后果。

法律依据

《中华人民共和国物权法》

第一百条 共有人可以协商确定分割方式。达不成协议，共有的不动产或者动产可以分割并且不会因分割减损价值的，应当对实物予以分割；难以分割或者因分割会减损价值的，应当对折价或者拍卖、变卖取得的价款予以分割。

共有人分割所得的不动产或者动产有瑕疵的，其他共有人应当分担损失。

第一百零三条 共有人对共有的不动产或者动产没有约定为按份共有或者共同共有，或者约定不明确的，除共有人具有家庭关系等外，视为按份共有。

案例七 夫妻一方在婚姻存续期间主张分房，此类要求不能得到支持

——贾某与刘某分家析产纠纷案

基本案情

贾某与刘某系夫妻关系。2013 年 6 月贾某诉至 A 市 B 区人民法院要求与刘某离婚，同年 12 月 B 区人民法院判决驳回贾某的离婚请求，现双方仍系夫妻关系。双方婚后有夫妻共同财产楼房两套、公房三套。2010 年 10 月，贾某将属于夫妻共同财产的楼房中的一套卖给双方所生之女小贾，为此，刘某于 2011 年到人民法院起诉，要求确认贾某与其女儿小贾的房屋买卖合同无效，经法院判决，确认了贾某与小贾的房屋买卖合同无效。现该房产已登记在贾某、刘某双方的名下，产权证上载明系双方共同共有。2012 年刘某将双方共同财产楼房中的一套出售给其妹刘乙，后刘乙又出售给钱某。为此贾某起诉要求确认刘某与其妹刘乙的房屋买卖合同无效，要求该房产归贾某自己所有。

经法院判决确认刘某与其妹刘乙的房屋买卖合同无效。贾某再次起诉刘乙与钱某的房屋买卖合同无效，现售房款在刘某手中。

案件焦点：贾某在双方婚姻存续期间要求分割夫妻共同财产是否符合法律规定？

裁判结果

法院认为：虽然刘某与其妹刘乙的房屋买卖合同被人民法院生效判决确认无效，但此并不导致刘乙与钱某的房屋买卖合同无效。现贾某称刘乙与钱某恶意串通，没有依据，法院不予支持，驳回了贾某的全部诉讼请求。

案例评析

现贾某主张分割位于 B 区 6 号楼房一套。首先，其没有刘某恶意隐藏、转移该房产的证据；其次，该房产系贾某曾于 2010 年在未告知刘某的情况下

擅自将该房产变卖转移，刘某通过多次诉讼，经法院判决将该房产又重新恢复登记在贾某、刘某的名下，产权证上载明系双方共同共有。现刘某之妹妹刘乙虽多次到法院诉讼，要求确认该房产归其所有，但刘乙采取的是通过法律途径来解决该房产的归属问题，并未与刘某恶意串通，隐藏、转移该房产，况且现该房产已登记在二人的名下，产权证上亦载明系贾某、刘某共同共有，刘某想通过非法手段将该房产转移给其妹妹刘乙，已是不可能发生的事实。

法律依据

《最高人民法院关于适用〈中华人民共和国婚姻法〉若干问题的解释（三）》

第四条 婚姻关系存续期间，夫妻一方请求分割共同财产的，人民法院不予支持，但有下列重大理由且不损害债权人利益的除外：

（一）一方有隐藏、转移、变卖、毁损、挥霍夫妻共同财产或者伪造夫妻共同债务等严重损害夫妻共同财产利益行为的；

（二）一方负有法定扶养义务的人患重大疾病需要医治，另一方不同意支付相关医疗费用的。

案例八　分割共有房屋份额认定不清楚时，长期居住在房屋内的一方有分房优势

——石某与董某、石一、石二、石三分家析产纠纷案

基本案情

石某与董某于1977年4月登记结婚，董某系再婚，带有三子即石一、石二、石三，该三人当时均未成年，由石某与董某抚养成人，二人婚后未共同生育子女。2005年2月，董某将石某诉至法院，要求离婚并分割财产，后向法院申请撤回了起诉。2005年7月，石某将董某诉至法院要求离婚并分割财产，在此次诉讼中，石某向法院提交了由其与董某签字确认的财产分割意见，

该意见中明确：原定三个儿子应各所分得的每人三间房不变，属于我们夫妻财产所有权的A地16号西头北房5间归董某，东头5间北房归石某，B地北房西头两间归石某，东西房各一间、四间棚子归董某。M市N区人民法院作出判决，驳回了石某的诉讼请求。

2006年4月，石某再次诉至法院要求离婚并分割财产。2006年6月，M市N区人民法院作出判决，认定石某与董某和好已无望，如继续维持婚姻关系对双方均无益处，准予二人离婚；双方财产因处于家庭成员共有状态，可待家庭析产后再行分割。董某对该判决不服，提出上诉，M市某中级人民法院作出判决，驳回其上诉，维持原判。

案件焦点：石某、董某二人与石一、石二、石三之间的析产以及石某与董某离婚后财产的分割，当事人是否可以请求人民法院对共有的家庭财产进行分割？

裁判结果

法院经审理判决位于N区A地16号的十六间房屋，北房西头三间归石二所有，北房东头三间归石三所有，剩余北房四间及西房三间归董某所有，东房三间归石某所有；位于B地的十一间房屋，北房东头三间归石一所有，北房西头二间归石某所有，东西房各一间归董某所有，四间由棚子翻建的房屋东二间归石一所有，西二间归董某所有。

案例评析

对共有财产的分割，有协议的按协议处理，没有协议的应当考虑共有人对共有财产的贡献大小、共有人生产生活的实际需要等因素予以处理。本案中，位于M市A地16号的十六间房屋系以石某名义提交申请批准后所建，虽石二、石三称该处房屋一直由二人居住，但考虑到建房时石一、石二、石三的年龄、经济状况及石某、董某的经济状况等因素，应认定石某、董某在建房时贡献较大，因此石某与董某的夫妻共同财产应占较大比例。位于M市B

地的房屋系董某在婚姻关系存续期间继承的遗产，应属夫妻共同财产。同时，在对诉争的B地的房屋进行分割时，需考虑石一对原四间棚子的翻建情况。在析产完成后，石某与董某之间应进行离婚后财产的分割，因石某在婚姻关系存续期间在外育有一女，其存在过错，夫妻共同财产应予少分。

法律依据

《最高人民法院关于贯彻执行〈中华人民共和国民法通则〉若干问题的意见（试行）》

89. 共同共有人对共有财产享有共同的权利，承担共同的义务。在共同共有关系存续期间，部分共有人擅自处分共有财产的，一般认定无效。但第三人善意、有偿取得该财产的，应当维护第三人的合法权益；对其他共有人的损失，由擅自处分共有财产的人赔偿。

《中华人民共和国物权法》

第一百零三条 共有人对共有的不动产或者动产没有约定为按份共有或者共同共有，或者约定不明确的，除共有人具有家庭关系等外，视为按份共有。

案例九 翻建房屋时贡献大的一方，在将来分割共有房屋时会分得更多的份额

——鲍老伯、孟阿姨与鲍某、路某分家析产纠纷案

基本案情

路某与鲍某原系夫妻，双方于2004年1月登记结婚，婚后于2004年11月生育一女小鲍，鲍老伯、孟阿姨系鲍某之父母。2005年8月，路某、鲍某协议离婚，约定：1. 子女归路某抚养，男方付抚养费4000元整，到孩子年满18周岁（年付）；2. 夫妻双方的共同财产六间房产权归路某所有；3. 无债权债务；4. 其他协议，无。离婚后，路某携女儿回娘家居住。2006年4月，因

双方欲复婚，路某及女儿小鲍又搬回6号院居住生活。

鲍某、路某结婚时，6号院内原有老北房一排、西厢房3间、东棚子1间。至于北房间数，路某认为老北房有3间，鲍某称有6间，说法不一。2004年3月，鲍某家在6号院落北侧空地上建造了倒座房（门朝北）6间。至于出资情况，路某称系其和鲍某共同建造，与鲍老伯、孟阿姨无关；鲍老伯、鲍某、孟阿姨对此予以否认，鲍某称倒座房均系鲍老伯、孟阿姨二人出资，而孟阿姨先称倒座房系其与鲍某出资建造，后又称系鲍老伯、孟某出资建造。现倒座房6间均闲置，房屋钥匙由鲍某管理。路某、鲍某均表示离婚协议中约定的共同财产六间房产系此倒座房6间。

2009年10月至2010年4月左右，鲍某家在没有相应审批手续的情况下，在6号院内拆掉原有的老北房及东西厢房，并新建了两排北房（每排北房均为6间）及两排北房之间的东厢房2间、西厢房2间（最南侧1间为门道）。至此，6号院被分为南北两个院落，北院有北房6间及东西厢房各2间，南院有北房6间，北院北侧有倒座房6间。之后，北院被编排为7号院，南院仍然沿用6号。

案件焦点：路某能否合法取得倒座房6间的所有权，是否有权取得7号院内北房6间、东厢房2间、西厢房2间的所有权。

裁判结果

法院经审理判决位于A区7号院内的北房六间、东厢房二间、西厢房二间归路某所有；位于7号院后侧倒座房六间中西数四间归路某所有，剩余二间归鲍老伯、孟阿姨所有；位于A区6号院内北房六间归鲍某所有。

案例评析

共同共有人对共有的财产依法享有共同的权利，在共同共有关系终止时，对共有财产的分割，有协议的按协议处理，没有协议的应当考虑共有人对共有财产的贡献大小、共有人生产生活的实际需要等因素予以处理。因合法建造、拆除房屋等事实行为设立或者消灭物权的，自事实行为成就时发生效力。本案中，路某在房屋的建设过程中贡献较大，理应按照比例划分。

法律依据

《最高人民法院关于贯彻执行〈中华人民共和国民法通则〉若干问题的意见（试行）》

89. 共同共有人对共有财产享有共同的权利，承担共同的义务。在共同共有关系存续期间，部分共有人擅自处分共有财产的，一般认定无效。但第三人善意、有偿取得该财产的，应当维护第三人的合法权益；对其他共有人的损失，由擅自处分共有财产的人赔偿。

《中华人民共和国物权法》

第一百零三条 共有人对共有的不动产或者动产没有约定为按份共有或者共同共有，或者约定不明确的，除共有人具有家庭关系等外，视为按份共有。

案例十 家庭承包方式的农村土地承包经营权不属于遗产，不能继承

——李一、李二分家析产纠纷案

基本案情

李一与李二系姐弟关系。农村土地实行第一轮家庭承包经营时，李一、李二及其父李某夫妇共同生活。当时，李某家庭取得了6.68亩土地的承包经营权。此后李一、李二相继结婚并各自组建家庭。至1995年农村土地实行第二轮家庭承包经营时，当地农村集体经济组织对李某家庭原有6.68亩土地的承包经营权进行了重新划分，李二家庭取得了1.8亩土地的承包经营权，李一家庭取得了3.34亩土地的承包经营权，李某家庭取得了1.54亩土地的承包经营权，三个家庭均取得了相应的承包经营权证书。1998年2月，李某将其承包的1.54亩土地流转给本村村民芮国宁经营，流转协议由李一代签。2004年11月3日和2005年4月4日，李某夫妇相继去世。此后，李某家庭

原承包的 1.54 亩土地的流转收益被李一占有。现李二起诉李一要求继承 0.77 亩土地及父母离世后的土地流转收益。李一辩称，李二系城镇户口，没有土地承包经营权。

案件焦点：李某夫妇二人去世后，其生前的 1.54 亩土地及其收益应该如何来分配，李一、李二是否享有平等继承权？按照我国法律规定李某夫妇死亡后，1.54 亩土地应收归当地农村集体经济组织另行分配，不能由李一、李二继续承包，更不能将该农地的承包权作为遗产处理。

裁判结果

法院经审理判决李某家庭原承包的 1.54 亩土地，在李某夫妇二人死亡后，该土地承包经营权应由村集体回收，但因法院通知后，村集体无人主张权益，1.54 亩土地承包经营权的问题不处理，驳回李二的诉讼请求。

案例评析

我国的农村土地承包经营权分为家庭承包和以其他方式承包两种类型。以家庭承包方式实行农村土地承包经营，主要目的在于为农村集体经济组织的每一位成员提供基本的生活保障。这种形式的农村土地承包经营权只能属于农户家庭，而不可能属于某一个家庭成员。农村土地承包经营权不属于个人财产，故不发生继承问题。家庭承包中的林地承包和针对“四荒”地的以其他方式的承包，为维护承包合同的长期稳定性，保护承包方的利益，维护社会稳定，林地承包的承包人死亡，其继承人可以在承包期内继续承包。但是，继承人继续承包并不等同于继承法所规定的继承。本案中，李某生前承包经营的土地不属于林地，不属于个人财产，应交回集体另行分配，故其死后不发生继承问题。

法律依据

《中华人民共和国农村土地承包法》

第三条第二款 农村土地承包采取农村集体经济组织内部的家庭承包方式，不宜采取家庭承包方式的荒山、荒沟、荒丘、荒滩等农村土地，可以采取招标、拍卖、公开协商等方式承包。

第五十条 土地承包经营权通过招标、拍卖、公开协商等方式取得的，该承包人死亡，其应得的承包收益，依照继承法的规定继承；在承包期内，其继承人可以继续承包。

《中华人民共和国继承法》

第四条 个人承包应得的个人收益，依照本法规定继承。个人承包，依照法律允许由继承人继续承包的，按照承包合同办理。

案例十一 夫妻签署遗赠协议，其中一方为代签，遗赠协议被认定有效

——王小一与王某、陈某、王二、王三分家析产纠纷案

基本案情

王某与陈某系夫妻关系，两人共生育三名子女，分别为长子王一、长女王二、次女王三，王某生前留有302号房屋一处，该房屋系王某与陈某夫妻共同财产。2012年王某召开家庭会议，签订了《关于房屋遗赠协议》，该协议约定：王某及陈某将302号房屋赠与给王一之子王小一，王一及王二、王三放弃房屋的继承。协议中王某是由王三代签。协议签订后王某因病去世，王一2015年8月16日相继离世，2016年10月，王小一要求王二、王三协商办理涉案房屋过户手续，被拒绝，故王小一起诉至法院，要求继承王某那份房产。

案件焦点：王某生前签署的遗赠协议由其子女代为签署，其去世后该遗赠协议是否有效？《关于房屋遗赠协议》中签名非其本人所签带来的纠纷应综合评判法律效力。

裁判结果

庭审中，王二、王三辩称王某意识不清楚，协议是由其代写，应无效。2018 年 2 月法院经审理出具判决王小一继承王某那部分房产。

案例评析

在日常生活中，很容易遇到不会写字的人要求他人代替自己签名的情形，只要是在本人的真实意愿的情形下签署的，无论是否由本人亲自签字，都应该是有效力的。本案中，《关于房屋遗赠协议》中王某的签名非其本人所签，结合王某的住院病历对王某身体精神状况的描述，难以确定当时王某为无民事行为能力，也很难证明当时不是王某的真实意思表示，并且王二、王三在父母在世时许下承诺，放弃继承房屋，是对父母、兄长、王小一的承诺，作为承诺方应当守约。

法律依据

《中华人民共和国继承法》

第五条 继承开始后，按照法定继承办理；有遗嘱的，按照遗嘱继承或者遗赠办理；有遗赠扶养协议的，按照协议办理。

第二十五条第一款 继承开始后，继承人放弃继承的，应当在遗产处理前，作出放弃继承的表示。没有表示的，视为接受继承。

第九章　涉外离婚纠纷程序性问题

导读

随着我国社会的发展，跨国人员流动更加频繁，主要表现在政治、经济、文化等领域，伴随着人员交流的日益密切，近年来涉外婚姻数量呈现猛增的趋势。全国的情况是，在整个20世纪80年代，大陆公民与外国人、华侨和港、澳、台同胞联姻共17万对，而到了1993年，一年的涉外婚姻登记数就超过了3万对。比如上海市的涉外婚姻，从1985年到1990年共5503对，年均917对；但1991年则一下子就在此基础上翻了一番，达1700对。在上海，如今每100对新婚夫妇中平均有3对是涉外婚姻，在中国各省区市中名列第一。

涉外婚姻是指一国公民同外国人（包括无国籍人）的婚姻，包括涉外结婚和涉外离婚。在我国，“涉外婚姻”也指中国公民同外国人、内地居民同香港居民、澳门居民、台湾居民、华侨之间的婚姻。根据我国法律，我国公民和外国人结婚适用婚姻缔结地法律，离婚适用受理案件的法院所在地的法律。凡涉外婚姻当事人在我国境内结婚或离婚的，都必须按照我国法律的规定办理。所以，涉外婚姻适用的程序有所不同，本书用图表的方式来表述程序及管辖权问题，希望能快速地帮助大家获得所需的知识。当然，为维护国家利益，各国对涉外婚姻的主体均有一定限制，如我国现役军人、外交人员、公安人员、机要人员和其他掌握重大机密的人员以及正在接受劳动教养和服刑的人员，不许与外国人结婚。

离婚是按照一定程序解除婚姻关系，而涉外离婚是指婚姻关系中具有涉外因素，可能会导致多个国家对同一离婚案件享有管辖权或者没有国家对该案件享有管辖权。世界上有些国家不承认协议离婚的效力，在不了解境外的婚姻制度的情况下，最好是通过诉讼离婚来解决涉外离婚，以避免境外国家和地区不承认在中国发生的协议离婚，还要耗费另外的时间和精力去诉讼离婚。在涉外婚姻纠纷诉讼中，除少数国家在这一领域实行意思自治原则外，一般都是以法律管辖为主。受理案件的法院有无管辖权成为当事人争议的焦点之一，涉外离婚管辖权是指一国按照国际条约和国内立法规定所确定的受理涉外离婚案件权限范围及对特定涉外离婚行使审判权的资格。它关系到法院对案件进行实体审理、选择实体法律、解决案件实体问题的前提和基础，也影响到离婚判决能否获得国外的承认与执行。由于各国关于涉外离婚的法律适用的规定十分不同，且在涉外离婚案件中法律冲突的表现尤为突出。法律的适用关系到当事人权益保护和公共秩序的维护，因此对于这些法律冲突的正确处理变得尤为重要。

后 记

元甲集团自成立婚姻家事团队以来，咨询电话常常响个不停，来电最多的就是如何返还彩礼、如何处理离婚纠纷、离婚后财产如何划分以及如何取得子女抚养权、继承纠纷等问题。然而许多夫妻双方在婚姻家事方面存在不少难以自我化解的问题，亟待专业性、针对性和便捷性的指导。

在元甲集团的大力支持下，本书秉着严肃、专业、认真的态度，由婚姻领域资深律师带领团队精心编写，并经多次反复打磨修改，最终成稿。希望通过这些精选案例让每个读者都能快速地理解相关的法律专业知识，也能让读者掌握诉讼及和解的思路和方法。这也正好体现了我们元甲的服务宗旨“守正出奇，分享共赢”。

“金杯银杯不如老百姓的口碑”，当事人的认可是对我们代理工作的最高肯定，我们为众多百姓免费提供法律咨询17多万起，成功承办案件5万余起，喜获锦旗1076面，深受百姓信任和好评。本书从策划、汇编到成册历时一年有余，由于篇幅所限，我们精选了部分案例，希望读者能够见落叶而知秋。

由于我们水平和经验有限，本书难免存在瑕疵，敬请读者批评指正！

图书在版编目（CIP）数据

家和律师说家事／姚平主编．—北京：中国法制出版社，2018．9

ISBN 978－7－5093－9672－8

Ⅰ．①家…　Ⅱ．①姚…　Ⅲ．①婚姻家庭纠纷－处理－中国　Ⅳ．①D923．9

中国版本图书馆 CIP 数据核字（2018）第 184347 号

策划编辑/责任编辑　黄会丽　　　　封面设计　蒋　怡

家和律师说家事

JIAHE LÜSHI SHUOJIASHI

主编/姚平

经销/新华书店

印刷/三河市紫恒印装有限公司

开本/710 毫米×1000 毫米　16 开　　　　印张/13．75　字数/136 千

版次/2018 年 9 月第 1 版　　　　2018 年 9 月第 1 次印刷

中国法制出版社出版

书号 ISBN 978－7－5093－9672－8　　　　定价：39．80 元

北京西单横二条 2 号

邮政编码 100031　　　　传真：010－66031119

网址：http：//www.zgfzs.com　　　　**编辑部电话：010－66070084**

市场营销部电话：010－66033393　　　　**邮购部电话：010－66033288**

（如有印装质量问题，请与本社印务部联系调换。电话：66032926）